Miguel Luis Lapenda

Habla Miguel

María Helena Marqués Lapenda

Traducción al Español:
J.Thomas Saldias, MSc.
Trujillo, Perú, Enero, 2024

Título Original en Portugués:
"Fala Miguel"
© María Helena Marqués Lapenda, 2014

Houston, Texas, USA
E-mail: contact@worldspiritistinstitute.org

Del Traductor

Jesus Thomas Saldias, MSc., nació en Trujillo, Perú.

Desde los años 80's conoció la doctrina espírita gracias a su estadía en Brasil donde tuvo oportunidad de interactuar a través de médiums con el Dr. Napoleón Rodriguez Laureano, quien se convirtió en su mentor y guía espiritual.

Posteriormente se mudó al Estado de Texas, en los Estados Unidos y se graduó en la carrera de Zootecnia en la Universidad de Texas A&M. Obtuvo también su Maestría en Ciencias de Fauna Silvestre siguiendo sus estudios de Doctorado en la misma universidad.

Terminada su carrera académica, estableció la empresa *Global Specialized Consultants LLC* a través de la cual promovió el Uso Sostenible de Recursos Naturales a través de Latino América y luego fue partícipe de la formación del **World Spiritist Institute**, registrado en el Estado de Texas como una ONG sin fines de lucro con la finalidad de promover la divulgación de la doctrina espírita.

Actualmente se encuentra trabajando desde Perú en la traducción de libros de varios médiums y espíritus del portugués al español, habiendo traducido más de 290 títulos, así como conduciendo el programa "La Hora de los Espíritus."

ÍNDICE

LIBRO I 6
   Presentación..7
   Llegó mi hora..10
   Consideraciones de un espíritu en conocimiento... 14
   Primer mensaje...16
   Segundo mensaje..20
   Tercer mensaje 23
   Reflexiones de un recién llegado al Más Allá.........................24
   En la universidad del amor 27
   Rescate del Umbral..35
   Algunas celebraciones...39
   De la rutina 44
   Aprendizaje y maestros...53
   Algunos que llegan..75
   Días de diversión y trabajo 85
   Nadie logra nada solo 96
   Características de los planos......................................102
   Notas 117
   Y así pasaron tres años sin que yo viera su cara... 120
   Siempre vale la pena 125
LIBRO II 129
   Presentación..130
   Truenos de vida y muerte...133
   Un cuento...135
   Mensaje I..137
   Mensaje II...138

Página para madres 139
Cambios 141
Partidas y llegadas 153
Control de los pensamientos 158
Familiarización 162
Clases y reflexiones 168
El equilibrio de donde estamos 181
Pinceladas de vidas 187
Madurez, cambios y responsabilidades 192
Proceso de crecimiento 204

LIBRO I

Presentación

Cada día que pasa, el verdadero amor nos da señales vivas de su existencia real. El verdadero amor es el que se manifiesta en las cosas más simples y obvias, más puras y claras.

Un mes de diciembre, visitando una casa necesitada en el interior de Bahía, pisando el frío suelo de tierra, mirando la sencillez de todas las grietas de la pared que, aun así, aun tenían el brillo de unas vasijas cuidadosamente pulidas, ante mí estaba de pie una anciana con arrugas, atraída por la tortura de años mezclada con miseria y abandono.

Allí estaba yo, entregando una de las canastas básicas, de las miles distribuidas en aquellos días soleados, en medio del horizonte árido del interior nororiental más auténtico, en su paisaje seco y su gente sufrida.

Esa señora me habló de su hambre desmedido, la misma hambre que dolía exactamente en ese momento en su vientre cubierto por ropas humildes y en sus ojos profundos de quien siente dolor.

Nunca más podré olvidar esa mirada. Ha pasado un año y parece que fue ayer.

Para mi asombro y conmoción, destacó que la comida que puse en sus manos pronto se acabaría. Bueno, por supuesto, lo compartiría con sus familiares en la granja. Allí se divide el hambre infinita, fueron sus palabras, su propia definición de lo que sentía cuando la necesidad de comer era menor en comparación con la necesidad de los demás. El deber de solidaridad, por encima de cualquier sufrimiento.

El hambre era tan grande que la humilde bolsita que le regalé no podría satisfacerla.

Y, para terminar, haciendo caer mis lágrimas en el regazo de mis párpados, dijo con su lenguaje maduro y tan rico en sabiduría: "... pero el amor que entró en tu corazón, hijo mío, no termina. ¡Este amor, sí, acaba con mi hambre...!"

El amor aparece así, inesperadamente, y perdura por toda la eternidad. En una palabra, en un gesto, en una frase, en un acontecimiento, en un regalo. ¡Nace gigante porque es amor!

El amor no muere, vive para siempre. No se mide.

No está definido.

La nostalgia es su lenguaje universal.

Me dieron esa tremenda tarea hoy.

El corazón de una madre, fuente inagotable de amor puro, comparable a las aguas claras y cristalinas de una cascada celestial, me invitó a prologar el libro de su hijo, escrito por él en el ámbito de la Espiritualidad y a través de un canal mediúmnico, el mismo canal del amor y añoranza de su madre, que lo recibió después de devolverlo a su origen.

¿Muerte? No, eso no existe. En su caso ni siquiera se dice... Es más que evidente en sus comunicaciones.

Evidentemente, un chico brillante como Miguel solo podría haber venido de "allí", de donde regresó con todo su brillo resplandeciente, propio de alguien que vivió como él.

Cualquiera que lo haya conocido entiende mejor lo que digo. Estuve cerca de esta bendición, teníamos un vínculo familiar cercano y lejano, pero no había tiempo. Miguel fue responsable incluso en la hora y día de salida.

¿Quién lo detuvo?

Nadie. Dios lo invitó y él se fue apresuradamente.

En el Capítulo XVII – Sed Perfectos, del *Evangelio según el Espiritismo* de Allan Kardec, siguiendo el tema El Hombre de Bien, lo vemos claramente descrito:

– "El hombre bueno tiene fe en Dios, en Su Bondad, en Su Justicia y en Su Sabiduría; Él sabe que nada sucede sin Su permiso y se somete en todo a Su Voluntad..."

Por eso está ahora aquí entre nosotros, más vivo que nunca.

Habla Miguel es la prueba documentada que él vuelve para sumar.

Si el anhelo es hambre de amor y si hay amor, él mismo puede satisfacer toda esa hambre. Esa humilde anciana dijo eso. Todo puede terminar, pero el amor no termina.

¡El amor es eterno!

¡Miguel es amor!

Habla Miguel...

Marcus Vinícius de A. Ferreira

(Quito Formiga)

Llegó mi hora

Cuando cayó la noche supe que era mi momento de regresar al mundo espiritual. Alrededor de las 6 de la tarde fui a dormir un poco, ya que tenía intención de salir para una "balada."

Mi madre no quería despertarme cuando me llamó mi amigo Rodrigo. Sonó el despertador que había puesto para las nueve de la noche; mi madre y mi hermano ya estaban dormidos, durmiendo tan profundamente que ni siquiera alcanzaron a cenar.

Ahora sé el motivo de ese sueño; fue para que no me impidieran salir.

Fui a despertar a mi madre para pedirle un corta uñas y ella, adormilada, me instó a no salir. Pero era necesario, mi período de estancia en la Tierra había terminado y, cuando el tiempo se acaba, no hay forma de evitarlo.

Los últimos días en la Tierra los pasé durmiendo mucho, pues la tienda donde trabajé durante un año me despidió sin motivo alguno; Ahora; sin embargo, sé que fueron muchas las razones, necesitaba dormir mucho para que mi espíritu pudiera ser trabajado por mis mentores para aceptar mi partida.

El sexto sentido de una madre es fantástico; unos quince días antes de mi partida, mi madre simplemente dijo que no quería que viajara en autobús, que íbamos a comprar un coche, pero no había tiempo.

El 21 de septiembre de 2000 finalmente partí.

Fui asesinado en un trolebús, en el barrio de Jabaquara, al sur de São Paulo.

El 21 de septiembre es una hermosa fecha para dejar la Tierra. La dejé ya extrañándola, pero consciente que la separación física de todos los que amo es temporal y que el tiempo pasa muy rápido.

Me asesinaron de cuatro tiros, sin motivo aparente, pues no me robaron nada; pero no importa cómo fallecí, lo que importa es que tengo dentro de mí el deseo de llevar a todos el nombre de Dios y la aceptación de Su voluntad para que podamos recibir Sus bendiciones para mover montañas. Cuando aceptamos lo que nos pasa sin cuestionarnos, todo es luz. Cuando me dispararon, después del pánico vino un sueño ligero, suave, un sueño de cambio, de transformación, sentí una inmensa claridad a mi alrededor,

No abrí los ojos, pero aun así noté la luz.

Cuando tomé conciencia de mí mismo ya estaba tendido sobre mi cuerpo sin vida. Mi espíritu abandonó mi cuerpo con facilidad, de forma natural, como si siempre hubiera estado preparado para ese momento.

Aunque no sabía de dónde venía, escuché una música, clara, muy suave, orquestada, que me llenó de emoción. No pude contener las lágrimas incontroladas que corrían por mi rostro. Me sentí abrumado por la emoción de dejar la Tierra y también de regresar a mi verdadero hogar. El llanto fue simplemente emotivo, sin nada que pudiera perturbar este hermoso momento, como por ejemplo fastidio o malentendidos. Abrí los ojos y vi a mucha gente frente a mí. Hombres y mujeres, vestidos de blanco, todos con una hermosa luz a su alrededor, como si fueran una lámpara encendida.

Uno de los hombres se presentó como Eurícledes Formiga, pariente de mi padre, pero a quien nunca conocí cuando estuve encarnado.

Cuando encarnó, el tío Formiga era médium espírita y psicográfico, traía mucho consuelo a los familiares de desencarnados a través de los mensajes mediúmnicos que recibía en el Centro Espírita Perseverancia. También fue abogado, periodista, poeta y muchos otros papeles que desempeñó sabiamente. Y sigue trabajando aquí, en lo que yo llamo el Más Allá.

Ha sido un padre para mí, siempre que es posible estoy con él, su compañía siempre es una gran y placentera aventura.

El otro hombre que se presentó dijo que era mi bisabuelo, Juan Regadas, a quien tampoco conocí cuando estuve encarnado.

Estos dos hombres, y los demás que estaban allí, me colocaron en una camilla y me dieron pases energéticos. Me quedé dormido y desperté en un hospital. Lo más increíble es que, antes que me subieran a la camilla, tantas cosas en tan poco tiempo; incluso fui donde mi madre, para besarla, cuando llegó al hospital Saboya, en Jabaquara, en São Paulo, donde fue rescatado mi cuerpo físico, ya sin vida.

En el plano físico, mi madre se enteró de mi muerte en el hospital y mantuvo una actitud de respeto hacia mí y fe en Dios.

Ella fue al patio del hospital y fue allí donde fui a darle mi beso.

¡Me acerqué a ella y le di un beso tan grande! Un perro sintió mi presencia y empezó a ladrar en mi dirección.

Mi madre y las personas que la rodeaban vieron al perro ladrar "a la nada."

Entonces, mi hermano, que es médium y tiene gran habilidad para sentir la presencia de los espíritus, le dijo a mi madre:

– Mamá, es Miguel, vino a darte un beso.

Y ella recibió mi beso, emotivo, con amor.

Quería agradecer todo lo que mi madre había hecho por mí en esta encarnación, facilitando mi crecimiento y evolución espiritual.

Su ayuda fue invaluable en mi desencarnación, ayudándome a mantener la serenidad y el equilibrio, tan fundamentales en este momento personal, para que todo suceda de forma natural, sin ilusiones y dramas innecesarios. Antes de ser llevado al hospital, pude presenciar el velorio del cuerpo físico que usé en esta encarnación y, gracias a Dios, todo el velorio transcurrió sin dramatismo. Cuando los familiares no pueden aceptar la muerte de un ser querido, los que mueren son los que sufren. En mi velorio todo transcurrió tranquila y serenamente.

Me gustaría aprovechar esta oportunidad para agradecer a todos los que estuvieron presentes, los amo a todos, ¡un día seguramente nos encontraremos!

Tan pronto como llegué a la universidad supe que mi madre canalizaría este libro. Cuando envié mi primer mensaje le dije:

– Te quiero mucho, quiero decirlo de otra manera.

Esta es la forma diferente; es decir, comunicarme directamente con mi madre.

Consideraciones de un espíritu en conocimiento...

No puedo decir que el hospital donde me llevaron fuera un hospital del primer mundo, sino un mundo sensacional, espectacular, donde todo y todos son movidos por el amor. Me sentí como si estuviera en el paraíso. Y realmente lo era, ya que era amado por todos. Me recuperé muy rápidamente. O mejor dicho, me adapté muy rápidamente a mi nueva condición de desencarnado, gracias a Dios.

Tuve mucha ayuda de mi madre, ya que las enfermeras me llevaron a ella, a la Tierra, para que pudiera nutrirme de su fuerza.

El transporte se realizó en una ambulancia similar al aerobús, mencionado en la obra de Chico Xavier, *Nuestro Hogar* que es nuestro medio de transporte aquí en el Más Allá.

Cada pensamiento de fe de mi madre era como un suero de glucosa, podría decir, y "el amor de una madre resucita a los muertos." Y eso es lo que pasó, literalmente. Me sentí genial en unos días. Y seguí avanzando hacia mi nuevo hogar, una Colonia llamada Colonia San Bernardo, una Colonia de jóvenes evolucionados hacia Jesús. Y, rápidamente, comencé a estudiar en la universidad del amor.

Mi madre sintió que le enviaría noticias pronto, pero no sabía cómo. Diez días después de mi desencarnación, aparece la tía Annabel Formiga, a quien tampoco conocía cuando encarné – aunque ahora conozco su espíritu y sé que es una persona maravillosa, que dedica su vida a ayudar a los demás, especialmente en el trabajo de llevar a las personas al Centro Espírita Perseverancia, donde todos encuentran el consuelo divino, que es lo más importante en la vida -, llamó a mi madre para ir a este Centro Espírita Perseverancia. La tía Annabel no esperaba un mensaje mío, sino alguna noticia del tío Formiga.

¡¿Cuál fue la sorpresa cuando leyeron, a través del micrófono, que había un mensaje de Miguel Luiz para su madre?!

Mi madre fue la que menos se sorprendió, ya que estaba absolutamente segura que esto sucedería.

Cuando llegué a Perseverancia estaba muy emocionado y todavía un poco entumecido por tanto cambio en apenas diez días.

Pero Dios me concedió la gracia de poder comunicarme con mi madre y mi hermano en muy poco tiempo de haber fallecido, y esto se debe a que mi madre percibió en mi proceso físico de despedida un mensaje de aprendizaje y el camino necesario para mi evolución, respetando mi camino como alma e individuo que soy.

Les dije que estaba bien, y cada día mejor, recibía las luces y el amor que me mandaban ininterrumpidamente me ayudó muchísimo.

Primer mensaje

Para Guillermo
Tu hermano cabalga ahora
bajo la sublime ligereza
del sentimiento de paz.
En un campo donde solo hay belleza
Rogaciano Leite (*)

                                        Para María Elena
                                        La flor que le diste
                                        Al cielo de nuestro Jesús
                                        ¡Floreció como una rosa
                                        Inundada de plena luz!
                                        Cleómenes Campos (*)

En este gran viaje
Desde el mar de nuestros destinos
La oración es el faro que nos guía
¡Ahuyentando las locuras!
Eurípedes Formiga F. de Sá (*)

* Poetas desencarnados
Psicografía de Miguel Formiga

Mami,

Aun así, sintiendo que el tiempo apremia para esto, debido a toda la somnolencia que traigo conmigo, hay que adaptarse más rápidamente, ya que el tiempo pasa y hay mucho por hacer.

Me está ayudando mucho el tío Formiga, Eurícledes Formiga, quien, junto con el bisabuelo Juan y muchas otras iluminados vestidos de blanco, se presentaron ante mí apenas desperté, tres días después de la fatalidad que me dejó inconsciente.

Respecto a esto, sin más quiero decirte mamá, que ya esperaba algo nuevo para mí, para mi futuro, y tú lo sabías bien. Pasaría algo que definiría mi trayectoria y, en el fondo, el cambio sería definitivo. No importa la forma en que sucedió, lo que importa es que he trazado mi camino por Dios, en mi mente; y en él puedo planificarme para superar todas las dificultades y tener la certeza que mi ideal será completamente logrado, porque Dios está conmigo.

Escuché mucho de ti y solo ahora puedo registrarlo mejor dentro de mí, sin dudas ni preguntas.

Por favor ayuden, para que nadie se sienta culpable por lo sucedido, ya que todo estaba preparado para mi partida y todos nos encontramos listos para asimilar esta voluntad divina.

Nadie debería divagar en suposiciones que podrían impedir lo ya escrito. Saldría justo después que me bajara de ese autobús, era solo cuestión de minutos.

Les juro que salí de casa con ganas de quedarme, pero cierta obligación me obligó a irme. Como siempre he estado convencido de mis deberes y obligaciones, decidí responder a lo desconocido.

Conozco tu lucha interior para que me quede. Pero era necesario, mamá.

Y ahora, mirándote así, reconozco que no fui yo quien te prestó, sino tú, llena de luz, quien me prestaste.

Te amo, te amo tanto que quiero decirlo de otra manera. Podemos seguir orando juntos; de hecho, lo hemos hecho en estos pocos días que nos separaron, solo físicamente. Me llevaron a ti para que fuera fortalecido y nutrido por tu fuerza.

Ahora hablaré un poco con Gui: ¡oye, hombre, gracias! Eres especial, como siempre te imaginé. Ese inolvidable acto tuyo, y tú sabes a qué me refiero, demostraste toda la luminosidad que veo en ti. Todavía estamos juntos con mamá y voy a ayudarte a convertirla en la persona más feliz del mundo. Mira, mi consejo: sigue con tu vida y no te preocupes, porque no estará sola.

La mayor necesidad es la tuya, de crecer y proyectarte garantizando la vida de quienes nos dieron la oportunidad de triunfar ante Dios.

¡Te amo, mi hermano, mi caballero, mi vida!

Madre, soy tu hijo para siempre, hijo-hermano; pero siempre hijo, por favor!

Dile a papá que no piense que sería diferente si yo estuviera allí con él. De hecho, siempre he estado ahí para él y todavía estaré dispuesto a hacer cualquier cosa para ayudarlo con lo que necesite de mí.

Habría sido muy doloroso para él si lo que pasó aquí hubiera sucedido allí. Y Dios quiso librarlo de eso.

Dentro de poco me graduaré de la universidad del amor y todos ustedes estarán orgullosos de mí.

Besa a mi papá, mamá. Besa a la abuela, que recibió mis muestras de amor[1].

Besa al tío Pedro, que ha querido a Guillermo y te ha ayudado. Besa a la tía Annabel, que escuchó el llamado de Dios.

Mi beso especial, como nunca te lo di.

---

[1] Asociamos este término, "muestras de amor", a que en casa de la abuela de Miguel, doña María Antonia, una tarde, después de la muerte de Miguel, la televisión se encendió sola.

Ah, ya no me duele la rodilla, está curada y estoy bien, muy bien. Quédate conmigo, mami; siente, como yo, que nada ha cambiado.

Gracias, he crecido en espíritu gracias a ti. ¡Muchas gracias, Te amo!

Tu hijo,

Miguel Luiz Lapenda Bernardo de Albuquerque

Mensaje recibido el 1 de octubre de 2000 en el Centro Espírita Perseverancia

Psicografiado por el médium Quito Formiga

Segundo mensaje

Guillermo,
La victoria es un desafío
que requiere experiencia.
¡Que es fruto de la Humildad
Unida a la resistencia!
Eurico (*)

Lena,
Tu ejemplo de firmeza,
basado en tu fe,
¡Poco a poco ayuda a tantas
Madres a ponerse de pie!
René Guimarães (*)

* Poetas Desencarnados
Psicografía de Miguel Formiga

Mamá, Gui,

No me canso de hablar y cuando pueda, si puedo, estaré con ustedes, como siempre lo he estado.

No se pueden imaginar cómo me he ido adaptando cada vez más rápido.

Definitivamente estaba preparado para cualquier cosa.

¡Estoy feliz, muy feliz, mamá!

Recuerdo bien, cuando estaba en la ventana de casa, queriendo empezar a renovar las paredes, ahora la mejor renovación en la que he estado trabajando soy yo, junto a ti, con Gui, con mi familia.

Estamos cambiando para mejor, mamá. Y eso es tan bueno, nos trae tanta felicidad. Hablando de eso, me gustaría agradecer, como hijo que me considero, al tío Pedro, es un tipo realmente genial, siempre lo he pensado.

Sobre papá, olvídalo. Cualquier comentario muestra dolor. Y eso no es bueno. Caminamos a una altura que nos da placer, ¿verdad?

Gui, hombre, ¡qué grande eres! Te admiro mucho.

Ya sabes, mirándote así, y al mismo tiempo analizando todo lo que me rodea donde estoy, me pregunto: ¿qué hago aquí?

Este lugar es tuyo. Un lugar para ángeles, para gente buena, para personas que solo tienen amor en el corazón, sin necesitar nada más.

Eres tan desapegado y yo soy tan imperfecto. Estoy aprendiendo de ti, hermano.

Mamá, no veo la hora de ser útil, de trabajar. Pero aun es pronto, de ello estoy convencido.

Es que queremos abrazar el mundo cuando lleguemos aquí, sin preocupaciones, como es mi caso.

Son muchos los jóvenes que lloran desesperados al ver sufrir a sus padres. Tengo tranquilidad, me da energía.

Quiero mandarle un beso especial a tía Annabel que nos recibió indicándonos nuestro camino, que ya era así, solo necesitábamos su mano para guiarnos.

Estoy contento.

Que Dios traiga mucha paz a este hogar amigo.

Yo te amo mama.

Miguel

Mensaje recibido en Nochebuena del año 2000.

Psicografiado por el médium Quito Formiga.

Tercer mensaje

Mamá, hoy no hay tiempo, pero como me ayudan aquí, me dieron otro espacio y nuestro beso anhelante ahora es más fuerte.

Has sentido mi presencia con más seguridad, me hace tan feliz, que las lágrimas de alegría son inevitables.

No te dejes sacudir por las dificultades, todo está bien, créeme.

Estamos juntos, tú, yo, mi hermano y, por supuesto, el tío Pedro y la tía Cynthia.

Mi beso especial – especial y espiritual – para él, que significa "lleno de vibraciones de fuerza y paz", le transmite mi cariño y el del tío Formiga, que nos ayuda en todo momento.

Sigan orando por todos nosotros.

Tus oraciones me fortalecen cada día.

¡Voy por ello, porque el tiempo es muy corto!

Oren conmigo el día veintiuno, nos llenaremos de luz y alegría.

¡Yo también te amo!

Miguel

Mensaje recibido el 17 de septiembre de 2001.

Psicografiado por el médium Quito Formiga.

Reflexiones de un recién llegado al Más Allá

Mi madre nunca peleó con Dios por mi partida aparentemente prematura, a los 20 años; ella siempre dice que ella realmente lo hizo por respeto hacia mí, para que yo pudiera ser feliz en el Más Allá.

Y todas las madres deberían actuar de manera similar. Primero, porque no morimos. Simplemente hacemos una transición, en espíritu, del cuerpo físico a un cuerpo no físico.

En segundo lugar, porque todos los acontecimientos sirven para enseñarnos a progresar, a madurar. Realmente nada sucede por casualidad. Siempre hay una razón detrás de cada evento. Y a menudo los eventos que más necesitamos, que nos ayudarán a trabajar en un tema no resuelto para la persona, nos impulsan hacia este aprendizaje.

Así, si una madre se encuentra lidiando con la llamada muerte de un hijo, a través de este hecho puede trabajar el desapego, el respeto por la evolución del hijo, la aceptación que tenemos que devolver a Dios lo que nos fue dado con un propósito. Debatir contra esto, sufrir, resistirse a la posibilidad de seguir adelante con la propia vida es hacer más doloroso el aprendizaje y también provocar sufrimiento al hijo que ya no está, que en la misión de ayudar a su madre en su evolución, termina enredándose al percibir que el aprendizaje es más doloroso de lo que debería ser.

Seguimos conectados con todos los que amamos en la Tierra; todos los sentimientos nos llegan como "telegramas; los que recibo – como fax"–, gracias a Dios, son de amor.

Pero hay muchos jóvenes que sufren telegramas completamente desorientados y desequilibrados.

"Madres de ángeles", repiensen cómo se sienten, porque sus hijos reciben todo sin censura; y ya no pueden soportar tanta tristeza por una separación que es absolutamente temporal. Les guste o no, el destino de todos es el Más Allá. Entonces, la aceptación es una cuestión de inteligencia, y solo se logra mediante el entrenamiento diario, aprendiendo a controlar la mente, para aliviar el anhelo, llenando el corazón de amor, para desterrar el egoísmo fuera de sus vidas, respetando a los desencarnados como un ser vivo, y muy vivo.

Estos familiares nuestros están en infancia espiritual, no aceptando la voluntad de Dios y dejando sin paz a un buen número de desencarnados. Y lo peor es que creen que están haciendo lo mejor para sus hijos.

Porque – créanme– sus hijos viven con Dios y "en el buen sentido"; solo existe la separación de la materia.

No aceptes que estamos lejos de ti, estamos muy cerca; y todos piden que las familias reaccionen con Dios en el corazón, porque estamos vivos y no es justo que nos traten como muertos.

Entonces, para ayudar a los desencarnados, ¿cómo debemos pensar en ellos?

Piensa que no volveremos a la Tierra en esta vida. Por tanto, no hay vuelta atrás.

Y si no hay vuelta atrás, ¿qué puedes hacer para que todos – tú y los desencarnados – vivan bien?

Vive esta separación temporal en armonía, con alegría, para que todos ganemos.

Primero, si se trata de una separación temporal, la desesperación es una tontería. Segundo, es la voluntad de Dios y Dios es sabio.

En tercer lugar, aprende a amar incondicionalmente, no importa dónde esté la persona, debes amarla sin egoísmo.

Todo el mundo solo sale de la Tierra el día y el momento adecuados.

Los hijos de los hijos de Dios son hijos de Dios, no hay manera que permanezcamos en la ilusión de quién es padre y quién es hijo.

El padre es solo Dios y Jesús, y los hijos somos todos nosotros.

Las noches de septiembre de 2000 – aquí menciono el tiempo en la Tierra, para que el lector se sienta mejor situado –, fueron las más extrañas y maravillosas que tengo en la memoria.

Cuando me encontré de regreso en el mundo espiritual, aparentemente me quedé paralizado, estupefacto, asombrado.

La sensación de libertad que sentí sin mi cuerpo físico no tiene paralelo, la ligereza de ser espíritu, la capacidad de flotar... es la máxima sensación.

La felicidad fue enorme, las primeras noches después del veintiuno fueron pacíficas, con una paz y seguridad que nunca nadie me había dicho que existía, es como si estuvieras durmiendo con total seguridad en el regazo de mi madre con el mundo que te rodea, libre, feliz.

Nunca había sentido así las noches de septiembre, como si fueran grandes amigas, teniendo la sensación de una cama con un colchón de agradable pluma de ganso.

No quiero olvidar el sentimiento de aquellas noches, como si fueran un amor inolvidable, ni siquiera después de cien encarnaciones.

¡Las quiero, noches de septiembre!

Hoy en día "mami" es la palabra que más me gusta decir, es la palabra que contiene amor en todas las acciones.

Ustedes jóvenes, hermanos míos que aun están encarnados, repiensen sus vidas, consideren cómo tratan a sus padres, analicen que una encarnación no puede desperdiciarse, que la vida en la Tierra es muy fugaz y llena de ilusiones. No piensen que esta vida es para siempre; si así fuera, el planeta Tierra permanecería estacionario, sin evolución del espíritu.

En la universidad del amor

Apenas salí del hospital de primeros auxilios para recién desencarnados, fui llevado a mi actual Colonia, donde viven los jóvenes más evolucionados hacia Jesús, y pronto comencé mis estudios.

El coordinador de la Colonia me dijo:

– Miguel, ya estás matriculado en la universidad del amor, solo que no harás el curso si no quieres.

Respondí rápidamente:

– Empezaré hoy, si es posible; será un honor y un gran placer poder realizar este curso; en la Tierra terminé la secundaria y no sabía qué carrera de educación superior tomaría; primero, porque no tenía medios económicos y, segundo, porque sabía que no me quedaría mucho tiempo allí, tal vez por eso no pude decidirme por un rumbo.

– Entonces es genial, Miguel. Empiezas mañana – me dijo el coordinador del curso, el Sr. Rinaldo.

Cuando le envié mi primer mensaje a mi madre, ya le había mencionado que estaba estudiando en la universidad. Ella se puso muy contenta, tanto que repitió:

– ¿Ves? Aquí en la Tierra no teníamos dinero para que Miguel estudiara, y ahí está, en la mejor universidad del universo.

Y agradecí infinitamente a Dios.

El edificio de la universidad es enorme, con toda la fachada de una especie de teja brillante, con colores del arcoíris en tonos muy claros, con grandes ventanales que proporcionan una vista despejada y bien amplia. El edificio cuenta con seis pisos y varias aulas, salas de video, laboratorios, farmacia y un patio con hermosos jardines, en definitiva, todo lo que una universidad necesita.

Los jardines me llamaron la atención, ya que tienen varias fuentes de agua cristalina, el sonido del agua al caer proporciona un ambiente especial de enorme paz al lugar, el césped está bien cortado y de un color verde bandera, con flores de todos los tamaños, colores y perfumes.

Cuando camino por los jardines, el aroma que huelo es embriagador, me siento ligero como una pluma, me siento en las bancas y medito, sintiendo el amor a la vida llenar mi espíritu. Cuando digo "para la vida" realmente es para la vida, porque cada día que pasa estoy más vivo que nunca.

Los estudiantes son ángeles, no "ángeles" en el sentido literal, sino realmente ángeles, personas que quieren servir cada vez más a Dios, a Jesús, nuestro padre, servir a sus hermanos, y – con ello – crecer en vida, donde solo hay amor y bondad.

No tenemos uniformes, pero casi todo el mundo por aquí prefiere la ropa blanca, ya que es más ligera y despeja nuestra mente, dándonos fluidez y equilibrio.

En mi primer día de clases, me presenté a mis compañeros y al profesor; era la clase del perdón. Así es, el tema era el "perdón." Asunto de extrema importancia tanto para los desencarnados como para los encarnados.

Empecé mi presentación:

– Mi nombre es Miguel Luiz, pero todos suelen llamarme simplemente Miguel. Viví en la Tierra, en esta última encarnación, solo veinte años y nueve meses. Nací el 19 de diciembre de 1979 en Recife, Pernambuco. Desencarné el 21 de septiembre de 2000, en São Paulo, la capital.

En Recife viví en el barrio de Piedad, y en São Paulo, en el interior de São Bernardo do Campo, en un lugar que amo mucho, un lugar muy hermoso, con muchos árboles, en un condominio donde tengo grandes amigos. Digo "tengo" no porque fallecí dejaron de ser mis amigos. La amistad es más que materia, que tiene un fin; la amistad es infinita.

Yo era hijo de padres separados – menos mal, porque nadie puede contentarse con peleas –; después que mis padres se separaron, nuestra situación mejoró, porque en mi casa vivíamos en paz.

Viví con mi madre y mi hermano, crecí feliz y con mucho amor y amistad. Vivir con mi madre y mi hermano me dio muchos placeres. Tuvimos dificultades económicas, pero nunca dejamos de lado el buen humor. Aproveché para crecer en espíritu, ya que mi espíritu estaba muy apegado a la materia, y en esta encarnación, a través de dificultades económicas, pude valorar el debido valor que se le debía dar a lo material.

Empecé a trabajar temprano, a los 15 años estaba repartiendo folletos en las calles, todos los días me esforzaba por superarme, con el objetivo de aumentar el número de folletos entregados. Por ejemplo, si entregué 600 folletos un día, me comprometí a entregar 650 al día siguiente. Y varias veces logré superarme.

Mi primer jefe fue el tío Milam, un vecino de donde vivía en la Tierra; estuve con él aproximadamente dos años, luego me fui a trabajar con otro vecino, Carlitos; también estuve con él un par de años, esta vez trabajé en una oficina. Muchas veces hice perder los estribos a Carlitos, no por incompetencia en el trabajo, sino por mi ropa, ya que solo me gustaba usar shorts y gorra, y también por la música que me gustaba, conocida como "música heavy." Trabajaba solo en una habitación, manejando una computadora y me gustaba subir el sonido al máximo volumen. Y al ser una empresa lo ideal era que yo trabajara vestido de negocios; así que estoy seguro que fui un excelente empleado, de lo contrario me habría despedido.

Yo mismo terminé dejando mi trabajo para hacer realidad un sueño.

Un año antes de venir aquí, creo que Dios me dio fuerzas, porque entré a trabajar en una tienda para surfistas, lo cual me encantó, porque soy 100% *bodyboard*. Para los que no saben qué es el *bodyboard*: es un deporte en el que se cogen olas tumbado, sobre una tabla más pequeña que una tabla de surf. Es el viejo, muy viejo "caimán."

Tuve mucho placer trabajando en esa tienda y gané mucho dinero. Al principio no, pero luego comencé a liberarme más y comencé a ayudar en los gastos del hogar con mucho gusto y orgullo de poder hacerlo.

Mi actividad de ocio favorita era acampar en la playa para coger olas. Mi playa favorita era Trindade, en Río de Janeiro, el lugar más emocionante que he visto en la Tierra.

La tarde del día en que fallecí, hablé con mi madre y, ahora, pensando en la conversación, me doy cuenta que fue una conversación final.

Orgulloso del acto, le dije:

– Mamá, deposité mil reales en tu cuenta.

Recibí esta cantidad porque me despidieron de la tienda donde trabajaba – Ella dijo:

– Mi, tu karma se acabó.

Yo respondí:

– Gracias a ti, mamá.

Y le di un beso.

Crecí en desapego durante mi estancia en la Tierra. Aun quedan varios puntos en los que necesito mejorar, pero doy gracias a Dios por haber logrado ya crecer en este sentido.

Terminé mi presentación, todos los estudiantes – unos diez, contándome a mí –, dijeron sus nombres, rápidamente se presentaron y me abrazaron. Zé Carlos fue uno de ellos, también nacido en Recife y desencarnado en São Paulo hacía diez años.

Doña Fátima se tomó un descanso de media hora, dejándonos este momento, como siempre hacen comentarios después de las presentaciones.

Después de eso, regresó al salón y volvió al tema de la clase, el "perdón."

Comenzó hablando de los beneficios fundamentales y de la importancia del perdón, de cuánto limpia el espíritu, funcionando como material de limpieza de una casa terrenal. La analogía utilizada fue que si tienes platos grasosos, simplemente usar agua no resolverá el problema y será necesario jabón. El perdón es el jabón del alma; para que nuestro espíritu, o mejor dicho, nuestra conciencia esté tranquila, es necesario utilizar el perdón; si no es así, no estamos nada limpios, y con un espíritu sucio estamos a merced de la desesperación en lugar de la paz, de modo que entramos en el rango vibratorio del mal, o negativo.

- Un corazón resentido es como una casa muy sucia, y a nadie le gusta vivir en una casa sucia.

Para ser limpio y de corazón puro, sin perdón no se hace nada; encarnados o desencarnados, no importa, siempre tenemos que perdonar; yo digo "tenemos", alumnos míos, porque tenemos que perdonar todo el tiempo, prácticamente necesitamos usar el perdón todo el tiempo; perdónate si te despiertas de mal humor; perdona a tu madre, a tus padres y a tus hermanos por las cosas más pequeñas; perdonar, principalmente, a Dios, porque pensamos que Dios no nos quiere solo porque nuestra vida no va como queremos, como imaginamos que sería la mejor manera, pero la vida, la vida, siempre es de la mejor manera, simplemente no tenemos la paciencia para esperar a tenerlo como queremos; si algo malo sucede hoy, espera y verás mañana que fue lo mejor que pudo pasar y lo malo se convierte en bien.

Doña Fátima concluyó:

- Perdonar es una cuestión de inteligencia. El mayor beneficiario es realmente el que perdona, ya que se deshace de toda la basura que se acumula en su interior.

Otro tema muy interesante es el "amor."

Aquí aprendemos a amar sin preguntas. La pregunta "¿por qué?" no existe en nuestro vocabulario, amamos por amar.

Debes estar pensando "ahora que falleció Miguel quiere ser santo y sigue mandando estos mensajes que nos son imposibles de llevar a cabo."

No es nada de eso, cuando estamos desencarnados todo se vuelve más fácil de percibir; en la Tierra, con la lucha por la supervivencia de la materia, no dejamos fluir la sangre, o mejor dicho, la energía divina, y cuando logremos dejar fluir la energía luminosa, la Tierra se transformará en el paraíso tan esperado.

Volvemos a la clase "amor":

– ¿Qué debemos hacer con el amor? – Pregunta doña Fátima, con una voz tan dulce que parece una melodía.

La gran magia para hacer que el amor obre en nuestras vidas es real y simplemente amar, nada más; es decir, sin poner condiciones como "amo a Leonardo, entonces tiene que quedarse conmigo", siendo que lo mejor para Leonardo es desencarnando, cuidando tu evolución espiritual.

Cuando amamos a nuestros supuestos enemigos, ellos dejan de ser nuestros enemigos. Es como cambiar de pista de radio, cambiar de melodía, pasar de AM a FM; es decir, del dolor a la luz.

Ella me dijo:

– Miguel, ama a tu asesino y se arrepentirá de lo que hizo, si lo hizo tuvo sus razones; bien o mal, quien tiene derecho a juzgarlo es Dios y nadie más.

Nunca, en ningún momento, he tenido odio en mi corazón hacia esta persona, todo lo que Dios permite que suceda es para nuestro crecimiento y así es, "No se cae ni un cabello de nuestra cabeza sin el permiso de Dios."

Estoy con Dios y no renunciaré a esta condición de Fe. Soy un "desencarnado, desencarnado", ¡gracias a Dios!

Dios es tan maravilloso que ya puedo ver varios beneficios que trajo mi desencarnación; y además de los que veo, hay muchos otros beneficios que ni siquiera he podido ver todavía.

Veamos algunos de los beneficios de mi desencarnación que ya he notado:

– Muchas madres – viendo el ejemplo de mi madre – me lleno la boca para decir "mi madre" – están y estarán bien, reduciendo el sufrimiento de sus hijos aquí en el Más Allá.

– Mi madre tiene un ángel en el cielo que la cuida.

– Aquí no sufro ninguna agresión, ya que estamos libres de este tipo de cosas; no es así en la Tierra y, cuando no son elegidos por el propio espíritu para el aprendizaje y el crecimiento personal, pueden ser utilizados para ese fin.

– El entretenimiento aquí es mil veces mejor que en la Tierra.

– Estudio en una de las mejores universidades del Cosmos sin necesidad de dinero.

– Vivo bien, me visto bien y, cuando lo necesito, como bien.

Estas y muchas otras, un sinfín de grandes cosas que todos tenemos en la vida en el Más Allá.

Cada día que pasa veo aumentar la necesidad de aprovechar al máximo la vida en la Tierra cuando estamos encarnados, ya que esta es la oportunidad más grande que Dios da a los espíritus, una oportunidad de crecer, de evolucionar. El tema es que, al encarnar, nos dejamos guiar por el mar de ilusiones y la mayor es que pensamos que todo es para siempre, y por eso no aprovechamos el momento, el momento presente. Si lo hiciéramos, como si fuera el último minuto en la Tierra, lo que bien podría ser – como no sabemos cuándo regresaremos al Más Allá – que disfrutaríamos más del viaje. Si miramos a nuestro alrededor veremos cómo la vida es un pasaje, vamos y venimos, y la propia vida en la Tierra puede mostrarnos cómo todo es temporal, saltando de situación en situación para que podamos sentir que todo realmente es voluble.

Nacemos, crecemos – en términos físicos – y nos involucramos con las "paradas" de la vida, llevando las oleadas de acontecimientos al lado personal y negativo. Si alguien nos hace algo, por ejemplo, en lugar de perdonar, recordando que todos somos hermanos, que todos estamos en la misma situación, preferimos llevar con nosotros los sentimientos que vienen del dolor, de la frustración… transformamos una emoción de momento a momento, algo que da forma a nuestras vidas y nos enreda en más "situaciones no relacionadas."

En la Tierra ya pensaba en esto, pero hoy en día pienso aun más, que permanecer de nuestro lado es fundamental, creyendo que, si hacemos lo que nos gusta, podremos sobrevivir. Como el buen surf, puede resultar difícil, incluso porque cuando nos vemos envueltos en una situación solo vemos la parte física, todo el mar de ilusiones en el que elegimos vivir. Pero no es imposible. Es una buena ola. Y si recordamos esto, todo se vuelve más "azul."

Sí, vivir es maravilloso. Es como dominar una tabla. Al principio tragamos agua, pero luego, cuando le cogemos el gusto, nada nos detiene.

Chicos, créanme, Jesús está de nuestro lado, no nos compadezcamos de nosotros mismos, tengamos amor y creamos que podemos. Simplemente sigue el camino del bien sin dañar a nadie. Ni siquiera nosotros mismos, porque la vida es una parada que solo funciona y nuestros sueños siempre se hacen realidad.

Aprovecha tu tiempo en la Tierra para conectarte con la vida espiritual que todos encontrarán. La vida de los desencarnados es fantástica, pero para aquellos que están lúcidos y conscientes. Quien no se queda, pierde el tiempo y no vive en el paraíso, que es para todos, sin excepción. Es solo cuestión de tiempo, de humildad. De esta manera todos llegarán más fácilmente.

Rescate del Umbral

El rescate en Umbral es la parte práctica de las clases de la universidad.

Los días de formación salimos a poner en práctica lo aprendido. El objetivo de nuestro grupo, formado por jóvenes de la universidad y algunos adultos que son nuestros asesores, es rescatar a jóvenes desencarnados en los alrededores de la ciudad de São Paulo, SP.

Se nos indica que no nos acerquemos a nadie; si quieren, que se acerquen a nosotros, basándose en su libre albedrío, lo que hace que la persona, o espíritu, en este caso, haga su elección, siendo lo que quiere ser.

Generalmente, en la Umbral, los espíritus viven en grupos, algunos esclavizando a otros, en gran conmoción; también hay quienes viven solos, siempre aterrorizados, porque creen que todavía están en la Tierra.

Normalmente vamos al Umbral medio, donde están aquellos espíritus que acaban de desencarnar, que al encarnar fueron delincuentes; es decir, que no lograron alcanzar el objetivo de la encarnación, que es la evolución del espíritu. En cualquier caso, evolucionaron, ya que no hay manera que nosotros no podamos evolucionar, pero no de la forma que pretendían, ya que se dejaron atrapar por las ilusiones del mundo físico.

Nuestro papel es rescatarlos cuando lo deseen y hacerles conscientes que su misión en la Tierra no ha sido cumplida, pero que pueden esperar una nueva encarnación, donde tendremos nuevas oportunidades para la evolución del espíritu.

En el Umbral caminamos cantando, y permitimos que todos nos vean, porque sin nuestro permiso no nos ven, ni se acercan a nosotros si la intención es hacernos daño.

La parada es oportuna, para sorprender a cualquiera en el plano físico, aunque en la Tierra tampoco es diferente, pues la autoridad espiritual de alguien suele ser quien la protege de cualquier ataque. Aquí en el Más Allá; sin embargo, esto es mucho más visible, porque, libres de las tentaciones de la ilusión terrenal, trabajamos duro para la evolución de los demás, y esta situación se vuelve mucho más notoria.

En el Umbral siempre es de noche, vamos allí en una especie de autobús que también llaman aerobús, en el que el espíritu, después de convertirse a Dios, cansado de estar en el mal, duerme con los pases que le damos. Y en estos autobuses especiales permanecen cómodos hasta llegar a la sala de urgencias. Generalmente se encuentran en pésimo estado, sucios, sin afeitar, con uñas enormes, ropa sucia y rota y mucha hambre.

En urgencias sufren una transformación radical; se alimentan, descansan y luego toman la decisión de ir o no a una Colonia de regeneración adecuada para estos espíritus.

Generalmente, de diez espíritus, solo dos quieren regresar al Umbral.

Quienes regresan lo hacen porque todavía están muy apegados a sus ilusiones, a sus emociones, sin idea que están en el Más Allá, rodeados de sentimientos negativos; las razones son muchas y personales.

En uno de mis viajes al Umbral vimos a una mujer que llevaba años deambulando por allí. Su apariencia era lamentable, parte de su cabello estaba pegado a un lado de su cabeza, por una especie de sebo, debido a la suciedad. La otra parte, ensartada, de pie. Su ropa era un trapo de arpillera vieja y sucia.

Frente a nuestro grupo gritó:

– ¡Ya no soporto quedarme aquí! ¿Qué puedo hacer para ir con ustedes?

Charlie, uno de nuestros hermanos del equipo, respondió:

– Si realmente te arrepientes de todo lo que has hecho para alejarte de las leyes divinas, ven con nosotros y sé feliz.

Ella dijo:

– Lo haré, pero ¿y mis hijos? ¿Permanecerán? ¿Quién se hará cargo de ellos?

Charlie dijo:

– No hay nadie que cuide a nadie, aquí es Dios quien cuida de todos y cada uno de ellos.

– ¿Cómo así?

– Tus hijos fueron tus hijos cuando todos encarnamos en la Tierra, oportunidad dada por Dios para que todos los espíritus evolucionen; aquí, en el mundo espiritual, continuamos juntos con nuestra familia cuando es posible; cuando todos alcancen la misma evolución espiritual, pero sin la responsabilidad que tenían sobre ellos en la Tierra, todos volverán a estar juntos. Allí los padres tienen una gran responsabilidad hacia sus hijos, aquí no, aquí cada uno tiene responsabilidad sobre sí mismo.

Ella se quedó quieta, como alguien que piensa durante mucho tiempo. Como si hubiera comprendido algo pequeño que le faltaba, sus ojos brillaron breve y débilmente, y luego habló:

– Quiero empezar a saber qué es el amor del que habla mucha gente, nunca me di esa oportunidad, y lo voy a hacer ahora.

Nos reunimos a su alrededor y le dimos pases. Se durmió y la metimos en el aerobús, la llevamos a urgencias del Umbral para que le hicieran un análisis general para ver qué más necesitaba aprender, como amar y perdonar, cómo acabar con el egoísmo, y curándose de enfermedades que tenía cuando aun estaba encarnada y que aun mantenía porque se creía enferma.

En su última encarnación, su nombre era Ruth. La rescatamos el 21 de marzo de 2001, una fecha terrenal. Y ahora, fecha todavía terrena, es el 16 de abril de 2001. Y permanece en el hospital, junto a una casa de reposo, para la completa adaptación de su espíritu en el bien. A través del servicio realizado en este hospital, aprenderá a despejar todas las ilusiones de la encarnación pasada, ya que falleció hace veinte años y aprendió muy poco, que pueda traerle resultados positivos directos, desde entonces hasta ahora. Pasó todo este tiempo en irritación, en rabietas con todo y con todos, en chismorreos que no conducen a nada, excepto a sufrir y endurecerse. Cada semana que voy a visitar a doña Ruth, salgo de allí con el corazón contento, saltando de alegría, ya que es genial ver la transformación de un espíritu sufriente a un espíritu de luz.

Algunas celebraciones...

Ayer fue Pascua, aquí algunas fechas se celebran el mismo día que en la Tierra. Por eso algunas fechas, especialmente las relacionadas con un fuerte contenido espiritual, tienen lo que en la Tierra – y esto lo supe mucho después, en la Tierra ni siquiera estaba conectado con estas cosas que considero más profundas –, se llaman Egrégoras. El hecho es que cuando en la Tierra las personas estamos involucradas en actividades relacionadas con lo espiritual, también estamos aquí en el Más Allá. Y este hecho significa que hay mucha energía debido a este vínculo que terminamos estableciendo.

El significado de la Pascua aquí en el cielo es de más amor, un amor inmenso, incluso infinito. Una cosa, por mucho que quiera, sé que no puedo expresarla con palabras. Soy bueno con la jerga, pero con palabras que expresan cosas usando gramática normativa terrenal, es más complicado. Sin embargo, sé que eso - al menos aquí -, no es lo más importante. Lo más importante está en nuestro corazón, en la pureza de sentimientos e intenciones. Eso es con lo que trabajamos mejor. Es lo que me salva, en relación a las palabras y a los sentimientos, porque soy más bueno haciendo las cosas que hablando.

En la Colonia infantil que fuimos a visitar en la fiesta de Pascua fue grande, cantaron y bailaron. Fue un espectáculo, pura belleza, alegría por todos lados.

El patio principal de la Colonia fue decorado con globos azules, rosados y naranjas, son globos diferentes a los de la Tierra, son brillantes y de todos los tamaños, dan vueltas en el aire y decoran el cielo.

Los grupos de niños recitaron hermosos versos, siempre sobre Jesús, fue una de las cosas más hermosas que he visto aquí en los casi siete meses que llevo de regreso al mundo de los espíritus.

Es complicado decir que quien desencarna a un niño sigue siendo un niño aquí; aquí lo que realmente cuenta es la edad del espíritu, hay niños que se desencarnan, pero aquí son jóvenes o adultos; y hay adultos que, cuando mueren, aquí siguen siendo niños; cada caso es diferente y no puedo entrar en detalles porque no tengo permiso y todo lo que está escribiendo mi madre es canalización autorizada. No puedo darle cosas de las que no puedo hablar o incluso cosas que ella misma no podría poner por escrito. Solo puedo decir, y espero que esto pueda, en cierto modo, servir de consuelo, que el mundo espiritual es tanto y más complejo que el terrenal. Y ver todo esto me hace pensar en lo maravillosa que es la vida, tan llena de detalles que no evaluamos ni valoramos en nuestro día a día en la Tierra.

Aquí no podemos evitar sentirnos conmovidos por el carácter sagrado de la vida. E incluso comprendiendo que, cuando estamos en la Tierra, estamos privados de la percepción de lo maravillosa que es la vida, no puedo evitar darme cuenta que si queremos, sí, tenemos nuestros momentos de posibilidades. En estos momentos podemos asegurarnos que la vida es maravillosa y crecer con esta verdad.

Incluso ante la muerte de un ser querido, de un niño específicamente, es posible madurar y comprender la maravilla de la vida. Y estos momentos – utilizados para esto –, pueden hacer que la madre, o el padre, o quien sea responsable de la custodia de un ser querido, crezca mucho más como espíritu que siendo perturbado por sufrimientos sin sentido.

Y no es que todos no vayan a hacer lo que les corresponde o que ahora me esté portando bien. No es eso. Solo quisiera decirles que el camino del alma es mucho más amplio y que hay algunos acuerdos que se hacen aquí, incluso antes que el alma vaya a su cuerpo físico, para que ella, ante estos acontecimientos previamente acordados, tenga estos momentos de dolor. Porque a través de estos momentos podrá despertar a situaciones, pensamientos y emociones que la harán madurar.

Sé que cuando estamos en la Tierra tenemos dificultades para aceptar la verdad de lo que estoy tratando de comunicar ahora, a través de mi madre, pero si esto sucede es porque seguimos valorando, todo el tiempo, solo nuestros conceptos. Y nuestros conceptos terrenales solo privilegian la negación de la posibilidad de aceptar lo que nos sucede sin sufrir. Es como si – al aferrarnos al sufrimiento excesivo –, no fuéramos a perdernos o como si, cuando sufrimos por un ser querido, lo amáramos más o le demostráramos mejor nuestro amor, de esta manera.

Y de hecho, nuestro amor se demuestra mejor cuando aceptamos que Dios es el arquitecto de todas las cosas y sabemos mucho menos que Él. Conceptos como humildad, aceptación, fe y equilibrio son los que están involucrados – como una oportunidad para aprender –, cuando aceptamos el desafío de ver que un ser querido ya no está en la Tierra. Porque ¿para qué sirve el amor en su esencia sino para llevarnos hacia la evolución del espíritu? Esta es una de las cosas que descubrí... que cuanto más amamos, de forma equilibrada, más evolucionamos. Y que, por tanto, el amor es lo más importante que existe.

A las madres que tuvieron hijos que desencarnaron cuando aun eran niños en el cuerpo físico: sus hijos están realmente en la casa del Padre, no podrían ser mejores, son – en su mayor parte –, espíritus de gran luz, que desencarnaron debido a determinaciones superiores, tenían una misión que cumplir en la Tierra, y a menudo estas misiones tenían – a través de lo que en la Tierra llamamos muerte –, que ver con brindarles un despertar a su propio plano espiritual.

Estos espíritus no discuten, porque están tan iluminados que, con una sabiduría que sobrepasa el entendimiento humano, saben lo que hay detrás de todo el drama terrenal que se representa. Por lo tanto, simplemente obedecieron y cumplieron con sus roles en la Tierra.

Madres, padres, familiares y amigos, envíen solo pensamientos amorosos a los niños desencarnados. Aquí están protegidos, felices, juegan, estudian, aman y evolucionan.

A medida que pasa el tiempo, cada espíritu recupera su edad real y comienza a vivir en Colonias adecuadas a cada edad, gusto y preferencia. O mejor dicho, la Colonia perfecta para cada espíritu, en ese momento, ya que siempre estamos en constante evolución. Esto significa que a medida que evolucionan, son bienvenidos en la Colonia relevante para la evolución de cada uno, de forma paulatina. Y esto sucede de manera constante, ya que todos estamos en constante evolución.

Aquí, todos los niños, jóvenes o adultos, estamos apoyando a los familiares que quedaron en la Tierra para que se conformen y acepten lo que llamamos la voluntad de Dios, o designios divinos.

Si cumplen ganamos todos, y mucho.

Primero, ganamos amor, estamos en paz para desarrollarnos y disfrutar de nuestra vida desencarnada. No necesitamos tener trabajo extra preocupándonos por aquellos que se quedan atrás, tratando de ayudarlos a aliviar su tristeza.

Cuando ellos, los que quedaron, desencarnan, nuestro reencuentro es inmediato, somos nosotros quienes ayudaremos al espíritu a salir del cuerpo material, pues esta obra está destinada a quienes mantienen lazos de amor entre sí.

Ya sé que participaré de la desconexión del espíritu, cuando mi madre, o mejor aun, cuando el cuerpo material que porta en esta encarnación, esté listo para su desencarnación. Ayudaré a su espíritu a salir de su cuerpo. Y no sé cuándo será eso, lo que importa es que ese día definitivamente llegará. Y entonces la fiesta del reencuentro será perfecta. Y no solo participaré en su muerte, sino también en la de mi hermano. Y les mostraré cómo son las cosas aquí, llevándolos a los lugares hermosos que aquí existen, y les presentaré a mis amigos, y poco a poco irán recordando otros espíritus que no recuerdan, con quienes interactuaron en otras vidas antes de esta. Y evaluarán cuánto han evolucionado ya, pudiendo planificar sus días futuros.

Ya saben, amigos, ¡escribir un libro es tan fascinante! ¡Y nunca pensé que algún día escribiría uno!

Pero la información aquí del Más Allá necesita llegar a ti, es como una alerta para "¡despertar!" porque tu espíritu que está dentro de tu vestidura de carne, realmente son espíritu, pues dura para siempre, la vestidura de carne vuelve al polvo.

De la rutina

Las noches aquí son hermosas, son oscuras y claras al mismo tiempo, por increíble que pueda parecerles a quienes me leen. Incluso mi madre le cuesta entender qué significan las noches oscuras y claras al mismo tiempo, pero es la única manera en que puedo definir la naturaleza de las noches aquí donde estoy. El cielo, todas las estrellas; las estrellas brillan como diamantes.

Vivo en un conglomerado de unidades, un edificio, como lo llamamos en la Tierra. Mi departamento es bastante cómodo, con una cama - que casi nunca uso -, una computadora - es una máquina similar a una computadora en la Tierra, pero a través de ella nos comunicamos a través del pensamiento, sin usar un teclado -, hay una especie de televisión donde puedo ver todo, incluso lo que le está pasando a mi gente en la Tierra, también hay una mesita con fotos de mi familia y amigos, tengo muchas fotos. También tengo muchas plantas, flores, el balcón de mi departamento se está convirtiendo en un pequeño bosque. ¡Tengo un sillón super cómodo, donde paso casi todo mi tiempo libre cuando estoy en casa, porque me gusta dedicar un rato a tomar un descanso para no perder la costumbre! Estaba en la puerta del edificio donde vivo, charlando con Mike, Charlie, Lucila, Andréa y Ricardo.

Hablamos de la vida en el estado del cuerpo material y en el estado no físico; es decir, solo con el espíritu.

Mike dijo:

– Vaya, qué bueno es vivir, no importa cómo, con materia o sin ella, no importa. Si cuando estuve encarnado hubiera sabido cómo funciona nuestra mente, cómo controla nuestras vidas, mi vida habría sido muy diferente. Si hubiera sabido dominarla, mis pensamientos habrían sido diferentes y mi vida habría sido un paraíso.

Vamos a la Tierra con el objetivo de evolucionar, pero cuando estamos allí, nos olvidamos del objetivo y todo se vuelve turbio. No podemos desperdiciar la oportunidad de una encarnación, que es una bendición. Dios quiere que crezcamos, pero aun no lo tenemos en mente. Un día, seguro, todo cambiará.

Y Charly dijo:

– Pero los encarnados de hoy tienen muchas posibilidades, muchos libros que aclaran muchas cosas, hay muchos Centros Espíritas a los que la gente puede asistir, incluso los sacerdotes de hoy hablan del Más Allá. En nuestra época era mucho más difícil.

Charlie y Mike fallecieron hace quince y veinte años. Andréa dijo:

– Hasta el día de hoy, mi madre, quince años después de mi partida, no puede aceptar mi fallecimiento. Al principio esto me hizo sufrir mucho, si los padres supieran lo mucho que nos molestan con el inconformismo dejarían de sufrir demasiado.

Acabamos sufriendo con su evolución, porque retrasan ese sufrimiento que, en lugar de servir a la evolución, sirve como situación que nos ata a todos a nuestra propia evolución.

La nostalgia es algo saludable, incluso natural. Las lágrimas que brotan de los ojos, como un río que desemboca en el mar, también son saludables, al fin y al cabo, son naturales. Pero no se puede sufrir demasiado, rebelarse, insatisfecha. Demuestra una falta de fe en Dios, retrasando nuestro reencuentro. Cuando fallezcan, este reencuentro tardará el triple si lo comparamos con los padres que aceptan los acontecimientos aprovechándolos como una forma de evolución personal. Puede que mi madre todavía esté infeliz, es su problema. Ya no quiero tener nada que ver con esto, no quiero sufrir, confío completamente en Dios. Y en la confianza no hay lugar para el sufrimiento.

– Son pocos los jóvenes desencarnados que toman esta decisión – dijo Lucila -. La decisión de ser feliz es independiente de los miembros de la familia, la más común es el sufrimiento, aquí y en la Tierra, debido al fuerte vínculo de amor que los seres humanos tenemos entre nosotros. Terminamos dándonos cuenta que nuestra familia – al sufrir por nosotros –, también termina dejándonos entre la espada y la pared, pues lo ideal sería que siguiéramos nuestro camino, no sufriendo por ellos y no ellos por nosotros. Estamos atados unos a otros, ya no por el amor, sino por los lazos del sufrimiento. Sufrimos porque ellos sufren. Y luego tenemos que tomar la difícil decisión de dejar de sufrir también, aunque ellos no quieran decidir no sufrir. Cuando hacemos esto, ellos se quedan solos sufriendo, porque ya hemos logrado levantarnos a pesar de su sufrimiento. Pero no es una decisión fácil de tomar. En ese momento pudimos entenderlos. Sin embargo, así como terminamos haciendo esto, tenemos que ayudarlos a hacerlo también. ¿Y cómo, si no podemos hacerlo directamente?

Andrea continuó:

– Este trabajo que estás haciendo con la ayuda de tu madre, Miguel, es sumamente valioso por eso. Nos hace conscientes y también crea conciencia a los familiares de los encarnados que han fallecido. Tu madre es un ejemplo para todos en cuanto a saber vivir la ausencia física de un hijo con respeto y dignidad. Entiendo por qué fue elegida para presentar este tema a nuestros hermanos en la Tierra. ¡Eres nuestro hermano! ¡Felicidades!

Escuché a mis amigos hablar y pensé en el hecho que habían estado desencarnados durante mucho tiempo, si consideramos la cronología de la Tierra. Llevo cerca de siete meses desencarnado y me asombra la resistencia de los padres a no colaborar con la evolución de sus hijos aquí en el Más Allá. También me doy cuenta que es difícil para ellos, como lo es para algunos aquí en el Más Allá. Y todo esto sucede a un nivel muy inconsciente. Pero sigue siendo responsabilidad de aquellos que sufren, ya sea aquí en el Más Allá o en el plano terrenal, ya que eligieron sufrir en lugar de permitir que la vida suceda y hacer que el dolor se vaya más fácilmente.

Aquí terminamos por conformarnos, ya que entendemos el propósito del drama en la maduración del alma. Y no es que aquí esto sea más fácil, al fin y al cabo también estamos privados del contacto físico con quienes amamos. Pero terminamos usando las herramientas para comprender que la muerte realmente no existe. En la Tierra, nuestros seres queridos también pueden utilizar estas herramientas, y el hecho que escribamos, enviemos mensajes a través de Centros Espíritas, que son las unidades físicas que nos acogen, pues son capaces de lidiar con la verdad que el alma es eterna, también es una herramienta. Y no conviene que nuestros seres queridos se centren en el tema que no es posible probar, porque si en la Tierra aceptan pruebas terrenales, y muchos de ellos no pasan el tamiz de ver y tocar, también son capaces de aceptar las únicas pruebas con las que podemos trabajar, que es la comunicación a través de los médiums que sirven como nuestros mensajeros de la verdad.

Nos damos cuenta que dejar de sufrir es una decisión que se relaciona con aceptar situaciones que no pueden ser comprobadas por los métodos que la Tierra eligió para guiar su propia evolución. Y lo aceptamos, porque estamos en otro entorno, el Más Allá. Y enviamos nuestros mensajes, para decir que el Más Allá realmente existe, y que existe la posibilidad de comunicarse, y que es posible contar con el sentido común para investigar la idoneidad del mensaje y del mensajero que lo trae. Y que, por tanto, se trata de superar el apego al dolor y abrirse a la vida y al crecimiento espiritual que se produce cuando nos damos cuenta que hay otras verdades Más Allá de las terrenas y que, por tanto, no lo sabemos todo cuando estás en la Tierra. Por eso, para aprender más, es necesario cambiar la postura personal para abrazar las posibilidades de una vida eterna del alma.

Todos vendrán aquí algún día, entonces, para mí, este sufrimiento es más egoísmo que amor, porque parece que la persona sufre porque quería que su ser querido siguiera atado a él en el plano físico, sin respetar que todos tienen un camino, que solo porque alguien sea hijo, o tenga algún otro nivel de parentesco, no significa que la persona que falleció no tenga derecho a seguir su propio camino.

Cuando llegamos aquí ni siquiera nos consuela el sentido de seguir sufriendo por los que dejamos en la Tierra. Durante su estancia en la Tierra, nuestros padres, familiares y amigos tampoco deberían consolarse en el sentido de seguir alimentando un dolor que solo hace que el aprendizaje sea más largo y más lento.

Aquí no sufrimos, mantenemos la calma. Y pensamos que es incluso aceptable, por parte de nuestros padres, que sufran inicialmente después de nuestra desencarnación, porque consideramos el shock de un acontecimiento fuera de la rutina de una vida conocida. La insistencia en el sufrimiento; sin embargo, es lo que más nos hace sufrir a todos, y no tiene ningún valor positivo cuando se corre el riesgo de querer perpetuar una situación que ya ha dado todo lo que tenía para dar por el crecimiento personal.

Y la solución a esto tiene que ser el apego a Dios, no a quien ya no está. Dios es todo; Dios es paz; Dios es amor; Dios es vida; Dios es sabiduría;

Dios es alegría.

Dios es el todo, el todo.

Y nuestro amor por Él debe ser de alegría, no de sufrimiento.

Aceptar la voluntad de Dios es cuestión de inteligencia, ya que no hay otro camino. Si estás en contra de esto, solo cosecharás amargura, haciendo tu propio camino más difícil. Y un día, después de todo, tendrás que aceptar la voluntad de Dios, incluso si pasan mil años. Y entonces verás cuánto sufriste por nada.

Si aceptas la voluntad de Dios, inmediatamente recibirás todas las bendiciones, Él colocará sobre ti Su manto de protección.

¿Sabes cómo podemos aceptar la voluntad de Dios?

Controlando pensamientos y sentimientos, las veinticuatro horas del día, incluso mientras duermes. Puede parecer una broma, pero no lo es.

¿Y cómo controlas tus pensamientos y sentimientos? Tratando de apegarse a lo que es bueno.

En lugar de sufrir por alguien que falleció, por ejemplo, pensando en la pérdida, lo mejor puede ser pensar en la alegría de haber tenido a esa persona contigo, en las cosas geniales que hizo, que le gustaron. Y agradece todo esto.

Para los padres que todavía tienen a sus hijos con ellos: nunca olviden valorar cada momento, decirles que los aman, porque, si un día tienen que fallecer, no sufrirán por ello.

Y para los padres que ahora tienen hijos fallecidos, lo mejor que pueden hacer es hablar con el hijo, porque escuchamos. Pero no sigamos haciendo esto todo el tiempo, porque tenemos que seguir nuestro camino apuntando también a nuestra propia evolución. Y tienen que hacer esto también. Entonces, es como cuando estábamos vivos. Hablas una vez, resuelves el tema y listo. No permanece "lloviendo sobre mojado" por mucho tiempo.

Podemos decir que el domingo tenemos el día "libre." Y este término es muy relativo, porque cuando aparece algo importante que hacer, dejamos al mismo tiempo nuestro ocio y nos ponemos a trabajar, porque aquí trabajamos mucho más que en la Tierra si lo comparamos. Nuestro trabajo principal involucra la alegría de ayudar a alguien que necesita la ayuda de Dios, de Jesús. Porque servir a quienes necesitan la ayuda de Dios significa colaborar con la evolución de todos nosotros.

Y aquí todos los días son hermosos, incluidos todos los domingos.

Todos en la Colonia amanecimos celebrando, pues sabíamos que los que habían llegado ayer estaban muy bien, venían de otra Colonia y fueron promovidos a estudiar en la universidad del amor.

Entonces llegó el día de esperarlos y también de su presentación, porque, después de este evento, tenemos la costumbre de hacer fiestas.

Nuestras fiestas tienen música, poesía, refrigerios y mucha charla.

Estábamos en la plaza principal de la Colonia, en una temperatura como si fuera primavera terrestre, con una suave brisa.

Escuchamos un grito de dolor. Era de una joven que acababa de llegar a Colonia. Lloró desconsoladamente cuando sus padres se separaron. La mentora me mostró, en una máquina similar a la televisión de la Tierra, que cada vez que los miembros de la familia empezaban a llorar, ella, aquí, también aumentaba sus propios llantos.

Es sorprendente – concluí -, lo conectados que estamos con nuestros sentimientos. Se llama Patrícia, es una joven hermosa, una chica súper caliente, que desencarnó como yo, asesinada. Pero ni ella ni su familia quedaron satisfechos. Como Patrícia es un espíritu que en otras vidas aquí en el mundo espiritual vivió conmigo y otros amigos, decidieron traerla a la Colonia para que la siguiéramos de cerca, ya que en esta última encarnación cayó en muchas ilusiones porque de haber sido bella, rica y, en consecuencia, poderosa. ¡Todo esto junto! Es una prueba muy fuerte, difícil de completar con el éxito esperado por el espíritu.

Paty se mostró débil en algunos puntos que superará en encarnaciones futuras. Cuando empezó a llorar, los mentores más evolucionados, con más experiencia, le aplicaron pases de equilibrio energético. Así, poco a poco se fue calmando y fue colocada en una camilla y trasladada a la enfermería de la Colonia. La seguí porque me gusta mucho. Me quedé con ella durante un rato, aplicando pases energéticos, con ambas manos en la frente. Una energía dorada salió de mis manos, con un fondo colorido, como si fuera un arcoíris.

Aprendemos a aplicar este pase energético y equilibrador con los espíritus de luz de la universidad del amor.

Patrícia se relajó hasta quedarse completamente dormida. Aproveché la oportunidad para separarla de su familia terrenal para que pudiera obtener un poco de paz.

Me quedé con ella hasta tarde, cuando se despertó casi anocheciendo, todavía un poco desanimada. Cuando abrió los ojos y me vio a su lado, me dio un gran abrazo emotivo y me dijo:

– ¡Mi, te amo! Qué bueno estar con ustedes, hermanos míos, donde encontramos a alguien que nos da fuerzas para superar la separación de mi familia, una separación temporal, lo sé, pero difícil de aceptar.

Yo respondí:

– Paty, esta separación es temporal, sí, nos veremos pronto, pronto podrían ser cincuenta años, y pronto pasarán cincuenta años. Todo pasa, el tiempo nunca se detiene. ¡Gracias a Dios! ¡Vamos Patrícia, reacciona, por el amor de Dios y de Jesús! Cuenta con todos nosotros para ayudarte, dándote fuerza en esta batalla contigo misma, tu estado de desesperación es la más pura de las ilusiones, no existe. Lo que existe es paz, equilibrio, amor y tantas otras cosas maravillosas que nos dan contentamiento y felicidad.

Sabes Patrícia, estoy escribiendo un libro a través de mi madre, podremos ayudar a muchas, muchas madres a estar bien, en paz, para que puedan darle paz a sus hijos desencarnados, de una manera que también nos ayude a nosotros para estar más en paz y más rápidamente, con todos confiados en Dios y en su voluntad.

Patrícia escuchó con mucha atención lo que le decía.

– ¡Paty, coraje, amigo! Confía en Dios y verás las grandes cantidades de bendiciones que recibirás, estos hechos sucedieron en la Tierra contigo para el crecimiento de todos. Dios sabe lo que hace.

Ya han pasado tres meses terrenales desde que llegó Paty y ya se ha recuperado bien, está feliz y se podría decir, incluso feliz. Volvió a ser parte de nuestra gran familia, nuestra familia de la Colonia São Bernardo, esta es nuestra casa, donde estamos creciendo para ir a la vida eterna en una Colonia que es el sueño de cualquier espíritu.

No me siento distante de mi familia en la Tierra, simplemente ya no hay materia que vuelve al polvo y el espíritu regresa al cielo, donde está y siempre ha sido su lugar.

Hoy, diez meses después de mi muerte, vivo tan feliz que resulta extraño; aquí no se lucha por la supervivencia, ni por la falta de dinero para adquirir bienes o cualquier otra cosa que quiera. Nuestro dinero aquí en el cielo es la fe que tenemos en Dios, la confianza que con Él todo lo podemos y luego lo logramos.

También es así en la Tierra, con Dios todo lo podemos, pero es más difícil creer que todo lo que deseamos se haga realidad, porque antes incluso de desear ya estamos preocupados por la fuente de donde vendrá el cumplimiento de nuestros deseos. Y esto solo nos aleja más de la realización de nuestros deseos, ya que no utilizamos la confianza, que es en gran medida responsable de conseguir lo que queremos. Incluso ante situaciones súper trágicas, estando con Dios es posible sentir la paz y la serenidad que nos permiten alcanzar todas nuestras metas.

Cada hermano que llega aquí al Más Allá es recibido con celebración, mientras se le consuela por sus dolores y se le instruye a seguir adelante. ¿Y no es ese el mejor camino a seguir? Incluso podemos rebelarnos ante acontecimientos que no son como esperábamos, pero ¿no sirven estos acontecimientos para un propósito mayor? Sí, lo sabemos cuando el evento ha pasado y las locas emociones se han calmado, permitiéndonos ver claramente el motivo de cada evento. Entonces, si ese es el caso, ¿por qué no actuar con sentido común sin tener que pasar por el calvario del dolor que solo obstaculiza a todos, frenando nuestra evolución, y comportarnos de una manera que aproveche todos los beneficios que las situaciones impactantes pueden traernos? Cada momento que paso aquí, lo pienso cada vez más. Y oro, íntimamente, para que todos sepamos comportarnos más sabiamente en el gran y maravilloso proceso de la vida. Cada uno de nosotros hacemos nuestra parte en el viaje del otro y, por lo tanto, somos esta gran red, como una cadena de estrellas...

Aprendizaje y maestros...

Con todo el cielo iluminado por cientos de miles de estrellas, con un brillo que ciega la visión, estábamos sentados en una pequeña plaza frente a la entrada del edificio, que no tiene portero, al fin y al cabo aquí todo funciona a través de nuestros pensamientos. Y hablar de la entrada del edificio es solo una forma de decir que creamos, a través del pensamiento, esta casa, en este formato.

Orlando es uno de nuestros superiores, un ejemplo admirable de bondad, amor y dedicación. Llegó muy aprensivo, diciendo que había varios jóvenes que estaban muy tristes. Y nadie aquí en Colonia quiere ver a alguien triste.

El motivo de la tristeza, como siempre aquí donde estamos, son los padres en la Tierra, que están en vibración opuesta, extrañándolos con revuelta. Simplemente anhelo, también lo sentimos, pero cuando se le suma revuelta, inconformismo, llanto desmedido, entonces todos los desencarnados que aun están en tratamiento, acostumbrándose a regresar al mundo espiritual, terminan sufriendo juntos.

Nuestra Colonia cuenta con una especie de internado donde los jóvenes pasan un período determinado con el fin de reorientarse hacia una nueva vida. No necesitaba quedarme en esa escuela, me mudé a mi habitación, que es donde me encuentro actualmente, el 28 de julio de 2001 en la Tierra.

Orlando me llevó a mí, Michael, Thomas, Richard, Andréa, Patrícia, Alexandre, Ricardo y Severino, a trabajar, a través de pases energéticos y de equilibrio, tanto con los jóvenes como con los padres que estaban en la Tierra.

Fui a la Tierra con Thomas, Andréa, Alexandre y Ricardo. El resto permaneció trabajando en el plano espiritual.

Nada más llegar a casa de los padres del joven Arnaldo nos dimos cuenta que estaban en un estado de lástima, todos enojados con Dios, blasfemando por dentro. Pero no estaban solos. A su alrededor, un montón de espíritus sin la adecuada evolución, influyendo en la desunión y con todo tipo de tonterías y disparates.

Como no oraron, no se conectaron con Dios. Y desde que su hijo se fue, fueron presa fácil de los espíritus del bajo astral. La madre estaba siempre en cama, siempre muy enferma. Y el padre no se detuvo en ningún trabajo.

Los espíritus sin evolución no nos vieron. Evitamos que nos vean para que podamos trabajar en paz.

Empezamos a darle pases a la madre, quien a pesar de estar enferma, estaba mejor preparada espiritualmente, para conectarse con las cosas de Dios.

Pronto los pases tuvieron sus efectos y ella se sintió somnolienta, reduciendo la emoción de autocompasión, entrando en el rango vibratorio positivo. Luego sí, logramos hacer lo mismo con el padre.

Él mostró más enojo por la partida de su hijo, y fue quien más necesitó ayuda espiritual para volver a la vida, permitiendo así que su hijo también viviera en paz.

Mientras estirábamos nuestras manos sobre su cabeza, salían rayos que parecían querer quemarnos las manos. Intensificamos nuestra intención emitiendo nuestra energía de manera más objetiva. Y entonces, los rayos que salían de la cabeza del hombre comenzaron a cambiar de intensidad y tono, como una llovizna de diminutas gotas mezcladas en colores dorado y plateado.

Observamos que el hombre se calmó y, al poco tiempo, la pareja estaba durmiendo. Pasamos unos días con ellos, administrándoles nuestro tratamiento energético. Y han mejorado a través del afinamiento de la voluntad, porque si la persona no tiene dentro de sí el deseo – aunque sea débil – de mejorar, de poco sirve nuestro trabajo, salvo que la persona se beneficie energéticamente, equilibrándose, como si pudiera soportar un poco más el sufrimiento que ella misma se provoca. Sin embargo, cuando tienes el deseo de mejorar, todo conspira para bien.

Algunos podrían decirme que todas las personas tenemos un deseo natural de mejorar. Pero no es así. Una cosa es lo que se dice por la boca por costumbre, sin siquiera pensarlo. Y el verdadero deseo de mejorar es algo que surge de dentro, de una conciencia alerta. Por eso podemos ver personas que, cuando dicen que quieren mejorar, en realidad mejoran. Y otros que, diciendo lo mismo, no muestran la mejora que dicen querer. Todo el proceso evolutivo ocurre desde el interior de cada uno, desde el equilibrio que tejemos para nosotros mismos a través de la observancia de elementos simples pero muy valiosos, que pueden nombrarse como aceptación, comprensión, fe, esperanza, amor.

Es necesario que los padres sean conscientes que la muerte física de un hijo proviene de un trabajo íntimo diario de adaptación en relación a la separación, recordando que habrá un día en que ellos también llegarán al Más Allá; es decir, que un día ellos también morirán, como dicen en la Tierra, y se reunirán con aquellos que vinieron aquí antes que ellos. Cuando se piensa así, es mucho más fácil retomar actividades que conciernen al mundo de la Tierra, porque si están en la Tierra es porque todavía hay algo que aprender, asimilar, comprender; de una manera que pueda usarse - toda esta experiencia personal - en la evolución misma de quién eres. ¿Y qué somos? Espíritus. Espíritus en evolución.

Es un ejercicio diario de amor, resignación, confianza en Dios y humildad.

La fe en Dios es el tema más importante de este curso sobre la separación de los hijos, haciendo que el viaje sea claro, fácil y ligero.

Y no tiene sentido hablar de labios para afuera, como dije, que sufrimos por amor. Quien ama no sufre, simplemente ama. El que tiene resignación no sufre, se resigna. Quien tiene confianza en

Dios no sufre, tiene confianza. Lo que sucede muchas veces es que la persona se sigue repitiendo a sí misma, y a los demás, que es una persona amorosa, resignada, humilde y con fe en Dios, pero en realidad se deja llevar por el peso del dolor y termina siendo nada de lo que ella dice ser o tener, porque termina en un dolor sin sentido que solo obstaculiza su propio camino y el de los demás. Y cuando hablo de los "otros", no me refiero solo a los que llegaron al Más Allá y posponen su propia evolución preocupándose por los que se quedaron en la Tierra. Los "otros" incluyen también a los que todavía están en la Tierra, ya que además de preocuparse por los que sufren por sus hijos - y repito innecesariamente -, todavía terminan estandarizándose y preparándose para sufrir de la misma manera cuando – y si – pierden a un ser querido.

De esta manera, todos quedamos atrapados en un círculo vicioso de retraso evolutivo espiritual.

Cuando regresamos a Colonia, Arnaldo ya se encontraba bien, pues pasó por un tratamiento intensivo mediante el cual recibió pases de separación temporal de sus padres. Bueno, hay padres que son tan molestos que sus hijos necesitan estar desconectados de ellos para que puedan tener un poco de paz.

Creo que en la Tierra acaba funcionando de la misma manera, porque los padres muchas veces muestran tanto sufrimiento que amigos y familiares acaban evitando a estos padres u ofreciendo consuelo que sirve más como una forma de mostrar solidaridad, pero que ya no es solidaridad. De hecho, porque llega un momento en el que hay que dejar de lado todo dolor, pues hay cuestiones más prácticas que abordar, ¿no? Pasado el tiempo del dolor, dependiendo de su duración, el trauma permanece. Y éste es aun peor. De ahí que veamos que el dolor exagerado no conduce a nada positivo. Entonces, ¿por qué alimentarlo con tanta intensidad?

Si consideramos que Dios es positivo, no tardaremos en llegar a comprender que cuando perdemos tanto tiempo precioso en algo negativo es porque, lógicamente, no estamos empleando nuestro tiempo para estar en unión con Dios.

¡Todo lo que existe en la vida nos lleva a fluir hacia el bien, a ser felices! Somos nosotros quienes hacemos que este proceso sea muy lento con nuestros excesivos caprichos. Comparamos la vida con un río que desemboca en el mar. Cada vez que un desafío se convierte en problema, este río tarda más en llegar a su destino, como bloqueado por una barrera, un obstáculo que no debería estar en su curso natural. Con los ríos y la intervención de los seres humanos que ponen obstáculos frente a los ríos, según sus propósitos y necesidades, no hay nada que hacer. Pero con los humanos, sí.

A menudo los obstáculos que bloquean los ríos son desenganchados por las inundaciones, que desenredan los troncos a la fuerza. Las avalanchas de seres humanos acaban siendo otros problemas, otros troncos y lo sabemos que no hay que hacer nada por la fuerza, pero lo que hay que hacer no sirve de nada cambiar. Siempre llegaremos a nuestro destino, que es la luz. Y somos nosotros mismos quienes abrimos este camino en medio de los obstáculos que se nos puedan poner por delante. No tiene sentido ceder ante el dolor pensando que algún día desaparecerá por sí solo. Tenemos que hacer nuestra parte.

Si supiéramos, allá en la Tierra, cuando aun estábamos encarnados, lo fácil que es vivir, todo sería diferente. Todo nos lo enseñan las enseñanzas de Jesús, pero no prestamos atención, decimos que ya sabemos y hacemos todo a nuestra manera egoísta y sin fe.

Pero la vida enseña. Y tampoco tiene prisa, y si alguien pierde algo somos nosotros por no entregarnos inmediatamente a lo que es justo y más adecuado.

Después de estos últimos acontecimientos, terminamos retirándonos a nuestras habitaciones para orar y agradecer a Dios por haber sido útiles a nuestros hermanos, con el corazón aliviado por haber cumplido una tarea más en el proceso de evolución espiritual.

Las nubes pasan sobre la Tierra formando diferentes diseños. Cuando estoy allí, no me canso de mirarlas, tratando de identificarlos con formas familiares. Cuando encarné, hice esto con mi madre. Y esto sigo haciendo en mis incursiones a la Tierra, imaginando los diseños que Dios va haciendo.

¿Y qué pasa entonces con el arcoíris? Parece más bien una varita mágica que Dios agita con un movimiento suave, derramando amor sobre quienes habitan el planeta.

Me gusta observar la magia de todo este sistema, las bellezas, las cosas preciosas.

Observo la lluvia que limpia el aire que respiran los encarnados, y que contribuye a la fertilización del suelo, proporcionando alimento, haciendo florecer las flores.

Cuando estuve encarnado no me gustaba la lluvia, especialmente los fines de semana, porque quería ir a la playa, coger olas. No sabía, o mejor dicho, conocía todos los beneficios de la lluvia, pero, en mi limitada visión de encarnado, solo veía mi lado. Las ventajas de la lluvia son mayores que las desventajas. Sin agua no hay vida.

Este ejemplo de lluvia sirve para evitar que las personas encarnadas saquen conclusiones apresuradas sobre acontecimientos de la vida, especialmente la muerte de un ser querido. Es útil no solo mirar tu costado, sino también ver el costado de la persona desencarnada. Si desencarnaste, ciertamente ha llegado tu hora; si desencarnaste, tenías el consentimiento de Dios. ¿Y quiénes somos nosotros para estar en desacuerdo con las órdenes de Dios?

Si no fuera por la lluvia no tendríamos vida en el planeta. Si no fuera por el respeto a los ciclos de la vida, en esa supuesta muerte y nacimiento, la vida no sería la maravilla que es.

¿Y ahí? La voluntad de Dios no se cuestiona por razones de inteligencia, para no sufrir después.

Muchos incluso pueden pensar que, ahora que estamos aquí, actuamos como si nos olvidáramos de lo difícil que era la vida, que estamos exigiendo comportamientos que no teníamos cuando estábamos en la Tierra. Pero ese es el punto. Cuando desencarnamos, reflexionamos y nos volvemos menos exigentes. No es de extrañar que cuando volvamos a encarnar seamos mejores seres que en la encarnación anterior. Y nuestro trabajo comienza ya aquí en el Más Allá, esforzándonos en preparar toda una atmósfera que permita nuestro contacto con quienes están encarnados en la Tierra para transmitir este mensaje de la inutilidad del sufrimiento.

De esta manera, cuando regresemos a la Tierra nuevamente, este planeta estará más evolucionado, lo que nos facilitará no aprender a sufrir a través de la adicción de la sociedad.

Por eso, madres y padres, cuanto más rápido aprendan a vivir la partida temporal de los hijos fallecidos, más fácil será nuestro trabajo si tuviéramos que encarnar nuevamente en la Tierra. Porque, en este caso, nos encontraremos con un entorno más evolucionado, donde podremos desarrollar otras habilidades y acelerar nuestra evolución.

Manteniendo nuestros pensamientos positivos, siempre sin malicia, sin críticas, sin dudas en Dios – porque el mal y la desesperación no existen, son ilusiones del ego humano –, podremos vivir según los planes originales de Dios y realizar maravillas.

Todos somos, parte del cielo y de la tierra.

Nuestros amores todavía están en la Tierra. Un día vendrán a nosotros aquí en el Más Allá. No sabemos cuándo, puede que tarde o no, pero el tiempo no importa, porque la alegría de saber que nos volveremos a encontrar es tan grande que la idea que el tiempo pase no nos molesta, ya que la alegría es mayor que cualquier otro pensamiento secundario.

En el cielo, que es lo que también llamamos el Más Allá, también hay personas que amamos, personas que empezamos a conocer, además del trabajo que realizamos aquí, que es la parte práctica de la vida aquí. Al igual que en la Tierra, también tenemos lo que podemos llamar ocupaciones vitales prácticas. Por lo tanto, todos somos parte del cielo y de la Tierra, ya que tenemos seres que amamos y actividades prácticas en ambos estados: el físico y el no físico. Algunas de las cosas que podría llamar interesantes aquí en el Más Allá es que somos espíritus muy viejos. En la Tierra diríamos que somos espíritus muy viejos. Pero aquí acabamos eligiendo tener la apariencia que mejor nos identifique. Generalmente esta apariencia es de alguna fase de la última encarnación en la Tierra.

En la Tierra, cuando somos jóvenes es porque somos jóvenes. Solo reconocemos lo que se puede demostrar mirando, con una fotografía o algo similar. Mantengo la misma apariencia que Miguel, de veinte años, que acaba de fallecer.

Estamos recuperando la era del espíritu a medida que desaparecen las ilusiones y el desapego de la Tierra.

Nuestra memoria eterna, de las vidas que ya hemos tenido, de las situaciones que hemos vivido en tiempos pasados cuando encarnamos en otras oportunidades, poco a poco se va restableciendo. Y de una forma muy natural, como si nunca hubiéramos estado sin él.

A medida que esto sucede, también comenzamos a recordar algunas habilidades que adquirimos durante nuestras experiencias en encarnaciones pasadas. Es como si el conocimiento estuviera surgiendo de una manera muy natural, como si siempre hubiera estado ahí, y de hecho así fue, la cuestión es que recién empezamos a tomar más conciencia de nuestra vida en su conjunto.

Tú que estás leyendo este librito, no te enfades si no entiendes algo, no hagas juicios apresurados invalidando lo que estoy diciendo simplemente porque no estás de acuerdo o nunca imaginaste que algo así fuera posible. Un día de seguro lo entenderás.

Por ahora, céntrate solo en sentir, en preguntarte la posibilidad que suceda, que sea posible. Y espera un poco, porque la vida misma te dará la confirmación de todo lo que escribo.

Además de tomar clases en la universidad, cada conversación con los espíritus más evolucionados es siempre una clase.

Con Charlie, por ejemplo, reflexionamos sobre el perdón, porque cuanto más hablemos de perdón, mejor será para todos. Y estar encarnado es aun mejor, ya que ahorra muchos sufrimientos futuros. Charlie dice: "saber perdonar es un arte celestial. Hay muchas cosas que no queremos ver para no tener que tomar otro camino que consideramos más difícil que es el de perdonar. Sin embargo, si hacemos un esfuerzo y este esfuerzo, créanme hermanos, es muy difícil para la persona que está acostumbrada, arraigada en su propia manera de comportarse ante las situaciones de la vida, ante las personas, ante las todo un escenario que vienen practicando desde hace mucho tiempo: veremos que, perdonando todo, manteniendo la buena voluntad, la mente abierta para no albergar arrepentimientos - que en realidad no existen, ya que los arrepentimientos son ilusiones, una total ilusión -, lectura e interpretación personal, alcanzamos nuestro bienestar, nuestra libertad de las pequeñas cosas que suelen ocurrirle a quienes valoran estas pequeñas cosas. Al no prestar atención, no damos fuerzas; al no dar fuerzas, debilitamos la postura rígida y personal de vivir sin perdón. Estemos o no encarnados, todos dependemos del perdón.

Charlie habló con firmeza, en voz baja, como si las palabras vinieran de su luz interior, la luz de quién es él, la luz del espíritu que él es.

Después de una pausa, continuó:

- El resultado de un corazón que ha perdonado es paz, es felicidad genuina, de una manera que muchos no pueden imaginar, porque solo tienen una idea – desde la postura personal del no perdón –, y esa idea es errónea, porque todo lo que es original es lo que experimentamos de forma directa, plenamente implicados, comprometidos y de acuerdo. Hay una ligereza indescifrable en el corazón y en el espíritu de quien perdona. ¿Y cómo podemos perdonar? Principalmente dándonos cuenta que si alguien nos ha causado daño, también causamos daño a los demás, aunque muchas veces sea inconscientemente, ya que muchas veces afrentamos a nuestros hermanos sin siquiera darnos cuenta, y el hermano agraviado muchas veces no saca a relucir la afrenta – por sus propios motivos –, lo que nos asegura que nunca cometer fraude. Qué error. Estamos ciegos. Por lo tanto, merecemos más lástima de nosotros mismos. Y solo recibimos esta compasión cuando somos capaces de dársela a los demás.

Aquí, en este estado en el que nos encontramos, podemos ver que tenemos problemas similares. Pero el tema que más se ha destacado es el de trabajar, como grupo, en una misión. La misión de llevar el mensaje del no sufrimiento, tanto a quienes desencarnaron y aun se equivocan, arrastrados por el dolor de haber abandonado la Tierra y dejado en ella a sus seres queridos, como a quienes permanecen en la Tierra y se ven obstaculizados por el retraso que causa sufrimiento innecesario por el grado, la intensidad, en que se experimenta.

Las madres son conocidas como los seres que más saben perdonar, como si hubieran nacido con este don especial porque son mujeres y más sensibles. Sin embargo, todos estamos aprendiendo el equilibrio y podemos, por tanto, sin importar si somos hombres o mujeres, ejercer los misterios divinos del perdón, el amor y la vida plena. Las batallas que vivimos en la Tierra continúan en el Más Allá, ya que todas giran en torno a la expansión de quienes somos, espíritus en constante evolución.

Cuando hablamos de espíritus en constante evolución, muchos se rebelan ante el uso del término, pues llegan a considerar que ya no queda nada por evolucionar y no comprenden que la evolución es constante, no tiene fin. Consideran, basándose en razonamientos desarrollados en la Tierra, basados en métodos terrenales, que la evolución es algo fijo, establecido, con un principio, un desarrollo y un final. Y se consideran ya en el medio o, ante los horrores que se crean, en el final mismo, como si ya no hubiera nada más que aprender. Desconocen y desprecian los designios de la vida, negándose – con este comportamiento íntimo – a darse cuenta que la vida tiene un canto diferente al que solo se percibe con los sentidos más burdos.

Por eso, cuando nos entregamos a la reflexión amorosa, siempre nos damos cuenta que la vida tiene más que enseñarnos de lo que consideramos en nuestro apresuramiento inconsciente. Y es esta reflexión amorosa la que debemos hacer con más constancia en nuestra vida, en nuestras acciones, en los acontecimientos que nos involucran, para afinar los sentidos del espíritu, nuestra porción más divina. Esta práctica nos ayudaría a aprovechar mejor cada momento de nuestra existencia. Y ya se sugiere cuando los líderes religiosos, los escritos considerados sagrados, nos animan a orar, a rezar, a hablar con Dios o con sus hijos que en la Tierra todavía son llamados santos. El trabajo del día nos hace dejar en un rincón, recibiendo el polvo del olvido, la práctica del encuentro con nuestra propia espiritualidad. Y esto resulta en un sufrimiento atroz para el ser que se atreve a olvidar su porción divina, porque es desde allí que venimos a Dios.

Nada de lo que se hace con una postura personal de arrogancia, intolerancia u orgullo nos lleva al crecimiento. Son montones de sufrimiento que solo servirán para aumentar nuestra vergüenza cuando, por fin, entremos en razón y podamos analizar cuán lejos hemos estado de Dios y de nosotros mismos, porque la vida nos habla en cada momento. Y la vida nos libera de las ilusiones guiándonos suavemente a través de los acontecimientos que nos suceden. Sería mejor, entonces, que en lugar de darle tanta importancia a ser mejores que los demás, a tener más bienes materiales que los demás, a querer controlar el destino de los demás como si fuéramos Dios - lo cual ni siquiera se presta a que, respetando el libre albedrío con el que él nos dotó -, nos entregáramos más a los momentos con nosotros mismos. Estos son los momentos llamados santificados, ya que tienen como objetivo conducirnos a la luz del Padre Mayor.

Por eso es importante pensar en el perdón, ya que los más beneficiados somos nosotros mismos, porque solo perdonándonos por haber sido ciegos podremos ver la luz con la que presentaremos a nuestros hermanos y a la vida misma. De esta manera abrimos puertas, aportamos equilibrio y serenidad a nuestra convivencia. Y con estos elementos todos nuestros deseos se hacen realidad y, con ellos, evolucionamos. Este es el plan original de la Creación. Y aunque no hay defecto en este plan cuando dedicamos más tiempo a nuestro aprendizaje, sufriendo innecesariamente, como el plan de la Creación prevé todos los acontecimientos, si nos proponemos tener vida en plenitud y respetar el diferente camino que eligen las almas que desencarnan, vendrán más situaciones de ayuda para elegir no sufrir. y nuestro viaje se sentirá tan dulce. Más dulce que una fruta nunca antes probada, tal maravilla representa esta fruta, esta experiencia.

Hay muchos que todavía albergan el dolor. E incluso ante palabras como éstas, incluso ante la reflexión, incluso ante la lógica, les resulta difícil deshacerse del peso, de la carga energética durante tanto tiempo fortalecida, tan intensamente acogida. Y no pueden deshacerse de la negatividad sin un proceso que les ayude a sanar sus almas, dirigiéndolas hacia el camino del equilibrio.

A ellos les digo, a modo de guía del Más Allá: ahora sientan el perdón en su corazón, traigan a su mente a esa persona que hoy recuerdan con un dolor grande o pequeño, no importa.

Ahora quítate este dolor diciendo:

    – Dios mío, quito todo lo malo que siento y reemplazo estos malos sentimientos con amor, luz y mucha humildad.

    Repetir:

    - (Nombre de la persona), te amo. (Nombre de la persona), te amo.

Al hacer esto, olvídate de todos los conceptos arraigados, cierra la mente, ya que es adicta a fortalecer las dudas, la sensación que estamos siendo tontos. Y eso no nos da un buen resultado.

Al principio esto parece muy sencillo, pero requiere un esfuerzo extraordinario. Pero, solo, y solo, porque la mayoría no está acostumbrada a actuar así.

Y a menudo, precisamente porque parece sencillo, la mayoría de la gente desdeña este ejercicio. Quienes lo intentan y se desarrollan a través de esta práctica pueden dar testimonio del valor de este ejercicio en sus vidas. Y date cuenta que este simple ejercicio tiene un poder maravilloso cuando continúas practicándolo.

Controlando en todo momento los pensamientos de tu mente, y de forma gentil, amorosa y persistente, será posible eliminar de tu mente todo aquello que quieras olvidar. Y cuando los pensamientos salen a la superficie, solo tienes que alejarlos, suavemente, e inmediatamente.

Entonces, esta es una manera de hacer que el amor, en su forma más intensa, pura y directora, cuide de ti, de tu alma, haciendo que la tensión que estás tan acostumbrado a vivir sin darte cuenta ya no exista.

Cuando Charlie terminó de hablar, ya estábamos ejerciendo el perdón y pudimos conservar un sentido muy amplio de libertad, algo prácticamente imposible de traducir en palabras comunes.

Arnaldo siempre dice que ha encarnado que no cree en el Espiritismo, pero olvidan que son espíritus; la única diferencia, en comparación con nosotros, es que todavía tienen un cuerpo físico. Sin embargo, el fin – si podemos decirlo – de todo encarnado, sin excepción, es la llamada muerte, la muerte de la carne. Y gracias a Dios por este hecho, porque el estado carnal trae consigo todos los desafíos propios de la Tierra. Esto significa que los encarnados todavía están en misión, enfrentando sus desafíos, desafíos que tienen que ver solo con ellos mismos.

Por supuesto, nosotros, los que no tenemos cuerpo, también enfrentamos nuestros desafíos, pero debo decir que estar en el plano no físico es como estar en casa. Una gran tranquilidad se acerca a los desencarnados, o al menos esta tranquilidad se acerca a aquellos que no están apegados a los que permanecieron en la Tierra.

Lógicamente, debo decir también, este estado no es un privilegio solo para aquellos que están desencarnados. En la Tierra también es posible sentir esta tranquilidad. Y ni siquiera diría que es más difícil, aunque tampoco puedo decir que sea más fácil.

He aprendido que cada uno de nosotros, encarnados y desencarnados, tenemos nuestro propio desafío. Y este desafío está intrínsecamente relacionado con el crecimiento, con la evolución, de cada persona.

Yo diría que, en el estado carnal, residen nuestras mayores pesadillas, al fin y al cabo, si estamos en la Tierra es porque tenemos una misión personal que cumplir, y esta misión no siempre está relacionada con el autosacrificio en forma de sufrimiento. Si lo pensamos bien, cada uno tiene un sacrificio, que son desafíos que si bien por un lado representan crecimiento, por otro lado también representan todo lo dinámico de la vida.

Todo el problema ocurre cuando vemos los desafíos, los sacrificios, las misiones personales como un problema. Tendemos a comparar nuestras vidas con las vidas de aquellos que creemos que son mejores que nosotros. Y no nos damos cuenta que, a menudo, aquellos que creemos que son mejores que nosotros se comparan con nosotros y piensan que somos mejores que ellos.

También tenemos una inclinación natural a pensar que no recordamos nuestra vida espiritual. Pero esto, en el fondo, en el fondo - y lo voy aprendiendo poco a poco, a medida que observo los acontecimientos y a medida que se desarrolla mi estancia aquí -, no es cierto, porque si hacemos un pequeño esfuerzo, para que ese esfuerzo se convierta en un hábito, podremos sentir que nuestra vida es eterna y que, de esta manera, podremos recordar nuestra vida espiritual. En otras palabras, recordaremos que somos espíritus. Y eso es lo que más importa.

Pensamos que recordar nuestra vida espiritual significa recordar otras vidas que tuvimos en la Tierra, en otras encarnaciones. Pero estos pasajes son solo una parte de nuestra vida en su conjunto. Y no es necesario recordar los desafíos del pasado. Si tenemos dificultades, cuando estamos en la Tierra, para procesar nuestra misión evolutiva personal sin recordar otras vidas, ¿por qué recordar otras vidas nos daría la capacidad de enfrentar nuestros desafíos? Seguramente la vida es justa, Dios hizo todo perfecto. Sin quitar ni poner.

Ya saben chicos, lo ideal es trabajar con nosotros mismos para aceptar la vida tal como es. Sí, sé que decimos que aceptamos. Pero, en realidad, aceptar no es lo que hace la mayoría de la gente.

Mira, cuando decimos que aceptamos un regalo, algo que se nos da, ¿qué queremos decir? Nos gustó eso, ¿no?

Bueno, la mayoría, cuando dicen aceptar la vida, en realidad no la aceptan, viven quejándose, maldiciéndose a sí mismos, a los demás y a la vida misma. Aunque sea en la intimidad, en el silencio de uno mismo.

Así, esta aceptación no es aceptación, sino sufrimiento, queja.

Todo menos una verdadera aceptación.

Cuando decimos que hay que aceptar la vida, lo que estamos diciendo es que hay que aceptarla plenamente; es decir, con alegría, con fe, con entusiasmo, como si la vida fuera un regalo - que, de hecho, lo es -, como si la vida fuera una persona con la que interactuamos, jugamos, aprendemos a conocer.

Y dentro de la vida hay acontecimientos. Es a través de ellos que expresamos aceptación de la vida. Y cuando aceptamos los acontecimientos, toda nuestra vida se convierte en una fiesta.

Todos los acontecimientos ocurren en base a la voluntad de Dios, porque sin Él nada sucede.

Entonces, en cierto modo, aceptar la vida es aceptar a Dios. Y negar la vida es negar a Dios.

Cada vez que tenemos un comportamiento determinado con relación a la vida, también estamos teniendo ese comportamiento con relación a Dios. Porque Dios es vida.

Aquí en el Más Allá utilizamos nuestro tiempo bajo una determinada rutina, en el servicio a los demás y también en entretenimiento, conversaciones y programas encaminados a la elevación.

E incluso en la Tierra esto también se puede hacer.

Cuando intentamos pasar más tiempo con nuestros amigos sinceros, después de terminar la actividad que, en la Tierra, sirve para obtener el dinero que sostiene nuestra vida material - que, hasta entonces, incluye el aprendizaje, porque en el ámbito laboral también estamos sirviendo, conocer personas, vivimos situaciones que también están relacionadas con nuestra evolución personal -, también participamos en nuestro crecimiento.

Sí, somos nosotros quienes damos el valor a la vida. Es común que las personas no encuentren motivos para ser felices en sus propias vidas, pensando que si tuvieran algo diferente en el pasado, en lugar de lo que tienen ahora, serían más felices, o realmente felices. Pero no es así. Y todo está relacionado con que creemos en nosotros mismos como guías de nuestra propia vida en lugar de esperar a que otros nos digan lo que está bien o mal. Cuando estuve encarnado en la Tierra, muchos podían verme como un don nadie, después de todo no era rico, no había completado mis estudios como la sociedad en la Tierra espera de las personas. Incluso las cosas en las que trabajé eran cosas sencillas - nunca fui presidente de una empresa, ni alguien famoso que apareciera en portadas de revistas o portadas de periódicos. Pero sabía que era importante. Esta sabiduría no era solo intelecto, sino un sentimiento, una especie de seguridad por tener algo que es más importante que todo eso: el amor. Mi madre me amaba, mi hermano, mi familia en general. Y los amaba, como todavía los amo. Sabía, sentí que tenía una misión personal con mi propia evolución. Disfruté montando olas, amaba la vida en la Tierra y disfruté cada momento que pude. Incluso en el trabajo me divertía y nunca me sentí inferior por no ser o tener las cosas que la mayoría de los que valoran los dictados terrenales dicen que son más importantes.

Lo que vemos en general es gente que no valora quiénes son y lo que tienen porque solo lo hacen si los demás les dicen que quiénes son y lo que tienen es importante. Entonces es como si no se reconocieran. Y luego no valoran la vida. Y, como dije, terminan por no valorar a Dios, porque Dios es vida. Vida pura.

Todavía no sé muy bien cómo funciona todo aquí en el plano espiritual. Pero siento la fantástica ola de energía que emitimos y recibimos en el cuerpo espiritual. Aquí incluso podemos ver energía, dependiendo de nuestro estado mental, de nuestro equilibrio.

Pero actualmente he estado pensando mucho en todo esto y concluyo que en la Tierra somos capaces de hacer prácticamente todas estas cosas, siempre y cuando cuidemos primero nuestro estado de ánimo; al fin y al cabo, es con el espíritu que tenemos la visión de largo alcance, que podemos sentir el estado emocional del otro. Entonces, cuidar el estado espiritual es lo primero que debemos hacer si aspiramos a tener una vida similar a la vida de los desencarnados en términos de poderes espirituales.

Primero hay que quererlo. En segundo lugar, eliminar el montón de ilusiones, que en nuestra mente parecen más bien escombros. Y solo nosotros podemos hacer esto por nosotros mismos.

El siguiente esfuerzo deja de ser esfuerzo cuando se convierte en hábito. Después de todo, nada sucede gratis. Necesitamos hacer nuestra parte.

Al pasar varios días dedicados a esta práctica - de dejar de lado las ilusiones y limpiar la mente de escombros -, ya hemos logrado el equilibrio para controlar nuestros sentimientos y pensamientos.

No es necesario hacerlo de una manera que nos aísle de las personas, de la vida... es importante mencionar esta posibilidad, ya que esto es lo que hace la mayoría de las personas cuando intentan mantener la mente clara y deshacerse de las ilusiones: Comienzan a diferenciar a las personas, olvidándose del amor, pensando que es más importante que aquellos que no están haciendo la misma elección de tratar de equilibrarse para expandir sus propias capacidades mentales y espirituales tal como son.

Bueno, muchos "piensan que lo son", piensan que son "bam-bam-bam", solo porque están enfocados en su propia santidad. Pero ser santo no significa dividir a las personas, perseguirlas o discriminarlas solo porque eligen un camino diferente al suyo.

Controlar los sentimientos es un regalo que Dios le dio a toda la humanidad y todos todavía estamos aprendiendo a utilizar este regalo de manera equilibrada. Y no debemos utilizar esta capacidad de forma negativa.

Por ahora, a la gran mayoría les resulta más fácil vivir con ayuda externa, transformando su vida en un auténtico torbellino.

Es posible: siendo dueños de nuestros pensamientos y sentimientos – obtener de la vida todo lo que nos puede dar y que, muchas veces, no tenemos idea de qué es.

En la vida terrenal podemos crecer mucho en términos de intelecto, lo que no representa mucho para la evolución del espíritu si no sabemos utilizar este intelecto para abrir fronteras en términos espirituales. Bueno, es el intelecto el que debe servir al espíritu, no al revés.

Y en la vida terrenal, cuando ponemos nuestro intelecto al servicio de nuestro espíritu, podemos crecer mucho espiritualmente. Y no digo que este crecimiento espiritual sea tradicional, el que está marcado por la vida del individuo que va a una iglesia, o a un Centro de prácticas Espíritas, sigue sus dogmas, rededicándose a la monotonía de su vida diaria y pronto. Por supuesto, esto es encomiable, ya que es mejor que nada. Pero el poder que Dios nos concede puede ser mayor que esto, a medida que nos desafiamos a nosotros mismos ante los obstáculos que nos trae la vida.

Cuando comenzamos a lidiar con el amor y el perdón, entendiendo realmente lo que significan estas dos palabras, lo que hay detrás de ellas, y cuando limpiamos nuestras mentes de ilusiones, podemos pasar al siguiente paso, que es vivir internamente de manera equilibrada y – a través de la fe, la esperanza, la certeza que todos nuestros deseos se hacen realidad y para nuestro bien –, logramos alcanzar todo lo que nos proponemos. Incluyendo la riqueza material, que es algo que interesa a muchos.

La cuestión es simplemente dejar de perder el tiempo en lo que no nos aporta nada. Y lo mejor de todo esto no es solo la riqueza material, después de todo hay personas con riqueza material cuyas vidas son – para ellos – un mar de tristeza, angustia, sufrimiento.

Todo esto es causado por la ilusión, por la falta de control de lo que solo ellos pueden hacer, el pensamiento.

Somos esencias divinas. No solo el cuerpo. Nuestro cuerpo físico es como un vehículo que utilizamos para recorrer los caminos de la vida. Nuestro cuerpo físico es como un traje de neopreno que utilizamos para nadar en el mar de la vida. Nuestro cuerpo físico es como una tabla de surf que utilizamos para disfrutar de las olas de la vida.

Una vez que nos damos cuenta de esto, resulta más fácil recurrir al trabajo mental.

Esto, por supuesto, no significa que dejaremos de tener cuidado, cariño, respeto y amor por nuestro cuerpo. Al fin y al cabo, no descuidamos nuestro vehículo, nuestra ropa, nuestra tabla solo porque sabemos que no somos ellos, que son solo accesorios de nuestra vida.

Sí, podemos cuidar nuestra tabla; es decir, nuestro cuerpo, con todo el reconocimiento que podamos. Pero sin apego.

Y así como no nos apegamos a los vehículos o tablas de otras personas, porque sabemos que esa es la herramienta de la otra persona, tampoco debemos apegarnos a nuestro propio cuerpo ni al de otras personas. Y eso es exactamente lo que les sucede a los padres cuando sus hijos fallecen. Parecen estar confundiendo a su hijo con el vehículo que solía pasear por el camino de la vida.

Y sufren sin pensar que están en la esencia divina, en el verdadero cuerpo, en el Más Allá. Necesitan vivir con la certeza que sus hijos aun viven. Bueno, vivos. Oh sí, vivos. Y no tiene sentido que nadie me diga lo contrario, porque estoy aquí, escribiendo a través de mi madre, y soy la persona más importante para demostrar que estoy vivo. ¿Y alguna vez has pensado si los desencarnados continúan aceptando, como lo hace la mayoría en la Tierra, que otros son los que tienen razón? En este punto, si hiciera eso, estaría aquí sufriendo, pensando que estoy muerto. Pero sé que estoy vivo. Y eso es suficiente, aunque no tenga la fama que buscan los encarnados cuando viven en la sociedad terrenal. ¡Estoy vivo y para siempre!

Nuestra vida, nuestra encarnación, tiene el propósito de crecer y evolucionar espiritualmente - porque espíritu es lo que somos - cuando estamos en la Tierra, pensamos poco en ella. Buscamos razones escandalosas para justificar nuestro propósito en la vida.

Pensamos que debemos tener un propósito, pero negamos el propósito que el espíritu nos muestra, que es estar en la Tierra para expandirnos, para saber más, para ser más felices, para construir un mundo mejor que refleje la calidad de quienes somos, en términos no físicos.

Y terminamos concluyendo que no hay propósito, pues no valoramos la respuesta que tenemos en base a la esencia de lo que el espíritu nos comunica. Preferimos dar voz solo al cerebro, a la cultura, a lo que nos dicen los llamados sabios de las ciencias terrenales. ¿Y qué nos dicen? Que lo que no se toca con las manos, ni se mira con los ojos, no se puede probar. Por lo tanto, no existe. Le dan menos importancia. Critican y niegan. No buscan cambiar su postura para estudiar y evaluar ciencias que no pueden ser comprobadas por las ciencias humanas y terrenales tradicionales. Y de esta manera todos nos convertimos en ganado cuando vamos tras lo que nos dicen, porque entonces no escuchamos a la persona más importante, a nosotros mismos.

El propósito de nuestra vida es evolucionar en el pensamiento, en la emoción, en el equilibrio, en la construcción tanto terrenal como no terrenal.

Y dejar de lado el sufrimiento es parte de esta evolución.

Y cuanto más nos entregamos a la decisión de no sufrir tontamente, más valor le damos a la evolución personal, haciendo que el mundo - tanto espiritual como terrenal - evolucione más rápido y de manera más perfecta, ya que hay bendiciones futuras incrustadas en la vida que tenemos cuando estemos encarnados. Pero solo podremos evaluar esto cuando finalmente valoremos todas las experiencias – personales y ajenas – desde la visión del espíritu.

En relación con el mundo aquí en el Más Allá, entendemos que los espíritus que desempeñan el papel de nuestros padres en la Tierra, sí, no tenemos padre ni madre, todos somos espíritus hermanos que desempeñamos papeles en la Tierra, como actores en un gran escenario, en cualquier forma que puedan, con sus limitaciones y capacidades apropiadas - después de todo, están evolucionando, al igual que nosotros, que desempeñamos el papel de hijos.

Mientras estemos en la Tierra, tenemos que aprender a aceptar; nuevamente, recuerdo que la aceptación tiene que ver con tener el corazón abierto, ser alegre, felices, entusiasmados con su propia experiencia: nuestros padres, porque están haciendo lo mejor que pueden.

Pero, una vez desencarnados, aprendemos que la vida debe evolucionar y que es demasiado preciosa y verdadera para gastarla en la ilusión del sufrimiento. Incluso los jóvenes que están encarnados y tienen problemas con sus padres lo saben: estos problemas son el resultado de la ilusión. Si me estás leyendo, vuelve a tu espíritu, limpia tus pensamientos y emociones de la negatividad que se relaciona con las frustraciones con los padres y equilíbrate. Siente la confirmación de tu espíritu. Él te dirá que eres más que un hijo y que tu padre o tu madre es más que un padre o una madre. También son espíritus. Cuando tengas acceso a este sentimiento, analiza el drama personal en el que estás involucrado y el sufrimiento que estás permitiendo que surja de él. Y comprende que los dramas personales no pretenden provocar ilusiones – que son sufrimiento – sino ampliar la propia percepción espiritual. Cuando se dice en las religiones espíritas que los rescates del alma deben hacerse con amor y no con dolor, eso es también lo que se pretende, hacer no expandirnos tanto a través del amor que los dramas personales pierdan su fuerza, pues servían al mayor propósito, que es calmar nuestra mente y esperar a que los acontecimientos se desarrollen, ya que todo lo que es nuestro llegará a nuestras manos, sin importar la situación y la voluntad de los demás. Somos los dueños de nuestras vidas, no quienes desempeñamos el papel de nuestros padres. Y nuestras vidas son más grandes que simplemente salir con alguien, matrimonio, elección de profesión.

Es posible, con el equilibrio adquirido desde el espíritu, afrontar cualquier situación que tenga que ver con desacuerdos. Y no necesitamos chocar con nuestros padres, porque la vida tiene caminos misteriosos. Y muchas veces chocamos con nuestros padres, con nuestra familia, con nuestros amigos, con el mundo entero, dependiendo de cuánto reforzamos este comportamiento - al final, es lo que es, un comportamiento personal, eso es todo -, y sin cualquier necesidad, ya que todo lo que consigamos lograr en nuestra vida vendrá de quienes somos, de nuestra fe en nosotros mismos, en nuestros deseos. A veces pensamos "guau, si mi familiar o mi amigo - léase aquí "gente con la que choco" - no quiere que haga esto, esto no va a suceder.

¡Pero ellos no son responsables de lo que nos pasa!

¡Nadie es responsable de lo que nos pasa excepto nosotros mismos!

Y cuanto menos enredados estemos en el sufrimiento, más nos llevará verlo.

Esto no es una locura. ¡Es la más pura verdad! Esto solo lo entendemos cuando practiquemos la fe, la certeza, el contacto con nuestro espíritu, porque entonces nos permitimos escuchar la voz de Dios. Y la voz de Dios nos dice esto todo el tiempo.

Entonces, el sufrimiento, en el Más Allá o en la Tierra, solo nos hace confundirlo todo y pasar más tiempo enredados en el camino del que algún día saldremos. Pero creo que todo el mundo está de acuerdo conmigo en que cuanto más rápido podamos experimentar la felicidad, mejor, ¿verdad?

Algunos que llegan...

Catalina desencarnó a los diecinueve años, tras ser atada, violada y quemada.

Perdida entre sentimientos de odio, venganza, injusticia, inferioridad, deambuló, a través de lo que en la Tierra se conoce como el Umbral, durante muchos años terrenales sin llegar a conformarse con su desencarnación; entre espíritus que procesaban los mismos sentimientos, cada vez más se sentía arrastrada a este pantano de oscuridad y dolor.

En la Tierra, ella era hija de padres separados, padres que le prestaban poca o ninguna atención.

Aunque ser hija de padres separados no es el fin del mundo, como suele ser el comienzo de la paz, Catalina tenía recuerdos amargos de esa vida, además de la forma brutal en que había sido apartada de la vida física. Su madre no le había dado el amor que Catalina esperaba recibir cuando estaba en la vida física. Luego, ya encarnada, Catalina empeoró, sintiéndose justificada para tomar el camino del consumo de alcohol, drogas fuertes, prostitución y robo. Así que para tocar fondo fueron... "dos pajitas", como diría mi grupo.

Y fue en una de las noches de prostitución que fue asesinada. Cuando falleció se volvió aun más loca. Ella no quería salir de la casa de su madre. Ella permaneció allí, después de haber muerto en carne y hueso, flotando sobre su madre. Y su madre no la vio, por supuesto, porque la mayoría de la gente ni siquiera siente el espíritu de sus seres queridos que los rodean cuando ya no están físicamente.

Después de permanecer allí tanto tiempo siendo ignorada, muy enojada y llena de signos de interrogación, terminó saliendo y deambulando. Cuando se dio cuenta, estaba en uno de los estados del Umbral.

Muchos pueden pensar que saben qué es el Umbral, pero todos lo saben y al mismo tiempo no lo saben. Me explico: el Umbral es un estado del espíritu mismo, un estado de caos interno, de confusión, de sentimientos negativos, de automutilación. Podemos decir que muchos – viviendo en la Tierra, encarnados –, viven sus propios Umbrales, ya que no se reconocen como los espíritus que son, se dejan llevar por otros espíritus - que al encarnarse los llamamos personas, ya que son personas físicas como ellos, ya que todos somos personas -, no priorizan su propia vida, sus propios intereses en favor de la evolución personal, y se encuentran en el caos, en el desorden interno, en la desorganización personal.

Cuando una persona, o espíritu, está desencarnado, su Umbral es la acumulación de la negatividad en la que se encuentra, la negación de la evolución.

Y no es de extrañar que la mayoría de los espíritus acaben así, porque si hicieron esto en la Tierra, cuando desencarnen harán lo mismo, ya que nosotros no cambiamos cuando morimos. Cuando morimos seguimos siendo quienes somos. Y, al igual que en la Tierra, siempre hay tiempo para darse una oportunidad. Y en el plano espiritual no es más fácil ni más difícil que en el plano terrenal. Al fin y al cabo, cada uno siente su propia realidad según quién es, según la interpretación que da a los hechos que le ocurren.

Y al igual que en la Tierra, donde hay muchas personas siempre dispuestas a ofrecer ayuda, ya sea a través de un libro, una conferencia, una conversación amistosa, una película... vaya, las posibilidades son tantas que incluso me pierdo en el proceso intentando mencionarlos, en el plano espiritual también hay muchos siempre dispuestos a ofrecer ayuda.

Y no es que estemos deseosos de ayudar. Es que Dios, en su perfección, hizo el mundo, tanto material como espiritual, de esta manera; es decir, siempre hace disponible el intercambio y la interacción entre los seres, para que podamos hacer que nuestras lecturas de los hechos sean cada vez más lúcidas y claras, de esta manera, entendemos que no hay razón para debatir contra las creaciones de las que somos autores. Sí, creamos todas nuestras glorias y desgracias. Solo necesitamos analizar nuestras vidas y nuestro comportamiento para darnos cuenta que las decisiones son nuestra responsabilidad.

Sé que algunos dirán que somos víctimas de todo lo que pasa, y que no tenemos ninguna responsabilidad por lo que nos pasa, que en un caso como Catalina, por ejemplo, ella no tenía manera de tener una participación activa en la supuesta desgracia que le pasó, y que tenía derecho a prostituirse, a drogarse, a emborracharse y, aun así, nadie tenía el derecho de derecho a matarla como fue asesinada.

Y la gente que lo ve así no se equivoca. Pero saben poco sobre todo lo que no es físico involucrado cuando hacen sus juicios, porque si nadie tenía el derecho de supuestamente hacerle a ella lo que le hicieron, ella tampoco tenía el derecho de vivir su vida como ella vivió, sin respetar su propia vida, despreciando toda la ayuda que otras personas siempre estuvieron dispuestas a brindarle.

Y aquí no hablamos de ojo por ojo y diente por diente, ni pretendemos justificar a nadie, porque nuestro juicio humano - cuando estamos en la Tierra -, está más relacionado con el plano social que con la historia de la evolución de cada espíritu.

Se trata simplemente de profundizar en lo sucedido sin ser juez de nadie y tratar de aprovechar cada momento para hacer de nuestra vida algo más de lo que - socialmente -, estamos destinados a ser.

En nuestros viajes a los diferentes estados de Umbral, que llamo solo uno solo para que sea más fácil de entender, hacemos un trabajo similar al de un trabajador social, por así decirlo. Porque nos extendemos hacia los demás, ayudándolos sin estorbar, que es la verdadera forma de trabajo, ya que solo tenemos algo que dar si realmente lo tenemos para nosotros mismos.

Y en estas incursiones, no solo el mío y mi grupo, sino varios otros grupos que trabajan en el plano espiritual, y no solo los espíritas, ya que de este lado somos todos iguales, hermanos unos a otros sin importar la religión que haya en la Tierra, rescatamos a muchos como Catalina.

Sin embargo, tiene que partir de la madurez del espíritu, del desapego a las ilusiones de la carne para que podamos iniciar a obra de comenzar el servicio de lucidez, de entrega del espíritu a uno mismo.

Y cuando vi a Catalina en el Umbral, mis ojos se llenaron de lágrimas y de emoción, al sentir que podía ser un instrumento divino para sacarla de ese estado miserable en el que se encontraba.

Ella me miró como si me sondeara. Y todo mi grupo notó su reacción y nos observó.

Su apariencia era la de un hombre lobo, puedo decirlo de esa manera.

Y no se extrañen si les digo esto, porque la forma que toma un espíritu, cuando está en el plano espiritual, tiene mucho que ver con la vibración energética misma. Así, hay quienes acaban tomando forma de animales, monstruos, etc. Una parte de la forma responde al deseo más recóndito de la persona, a su emoción, a su sentimiento, sin que ella misma se dé cuenta – ni podría hacerlo, pues está demasiado metida en su propia lucha en medio de sus sentimientos negativos, digamos inconscientes –, y, otra parte de la forma, responde a sus deseos personales intencionales – por ejemplo, un espíritu puede tomar una forma no humana, incluso para protegerse de otros espíritus más perturbados que él.

Así, Catalina había tomado la forma de un hombre lobo, pero pude leer en sus ojos qué alma tan hermosa era.

Después de lo que parecieron un millón de años, abrí mis brazos y ella me abrió los suyos. La abracé, casi instintivamente, pues podríamos decir que el espíritu también tiene su instinto según la energía que mantiene. Ella me abrazó llorando, y su abrazo fue tan fuerte que, en cierto modo, me asustó. Ella gritó, más aullando que gritando, como si sintiera un dolor muy fuerte.

Y eso me recordó algunos de mis días en la Tierra. Pasó como en un instante un recuerdo de cuando estaba en la Tierra, alrededor de los seis o siete años. En ese momento mi madre tenía un *Lhasa apso* llamado Yuri, un *Afghan Hound* llamado Nikolai y un Boxer llamado Mikael. Un día, Mikael estaba acostado en mi cama. Y yo también me fui a la cama. El perro no lo pensó dos veces, se lanzó hacia mí y me mordió en la cara. Hombre, eso dolió, dolió, incluso tenía marcas de sus dientes en mi carne. Pero no estaba enojado con Mikael, me estaba riendo a carcajadas. Y Mikael también se unió a la fiesta. Mi madre sí, estaba muy asustada.

Mi madre todavía tiene una perra llamada Raquelita, una mezcla de chucho que llegó a nuestra casa cuando yo tenía unos diecisiete años en la Tierra.

Mientras abrazaba a Catalina, en esa forma canina, fue como sentir la pureza de un espíritu canino. Sí, los espíritus son energías. Y todos somos criaturas provenientes del pensamiento sagrado de Dios. No hacemos distinciones discriminatorias. Entendemos el misterio detrás de cada manifestación divina. Y nuestro amor es el mismo, sin importar si es con un animal o con un humano. Entonces, cuando recordé a mis perros, cuando sentí el abrazo de Catalina, todo tuvo un significado más profundo para mí.

Los amigos de mi grupo formaron un círculo a nuestro alrededor, extendiendo sus brazos y lanzando luces que venían en rayos dorados, de indescriptible belleza.

Catalina se calmó después de unos momentos y permaneció como si hubiera fallecido. Fue un sueño muy profundo. La pusimos en una camilla para transportarla al hospital de recuperación y continuamos con nuestro trabajo de rescate en las zonas permitidas del Umbral, que es una región muy vasta – y nuestro permiso en las áreas a visitar ya que el trabajo de campo gira en torno a nuestra experiencia psíquica –, y capacidad energética. De hecho, lo mismo sucede en la Tierra. Es decir, no tenemos trabajos para los cuales no estemos preparados. Y esta preparación, aunque aquí en el plano espiritual puede ser explícita, en la Tierra ocurre implícitamente.

Pero sucede, solo hay que observar los diferentes trabajos y las capacidades individuales de cada uno.

Cuando terminamos nuestro trabajo, llevamos a Catalina, junto con varios espíritus más, al hospital.

Al día siguiente, cuando fui a visitarla, la encontré más tranquila y serena.

Me acerqué a ella y le dije en voz baja:

– Hola, mi nombre es Miguel.

Hice una pausa y continué:

– Te trajimos ayer en una de las regiones del Umbral, después que te dimos los pases de energización te quedaste dormida. ¿Estás bien? ¿Te acuerdas de algo?

Ella me dijo con voz tranquila:

– Mi nombre es Catalina Souza. Este era mi nombre cuando estuve en la Tierra. Han pasado muchos años desde que desencarné. Y no estaba satisfecha con eso. Pero tampoco estaba satisfecha con mi vida en la Tierra cuando estuve allí.

Sacudí la cabeza y le pregunté:

– ¿Te sientes bien ahora? Quiero decir... ¿estás satisfecha ahora?

Ella se rio entre dientes y dijo:

– ¿Puedo quedarme aquí? Hacía mucho tiempo, mucho tiempo, tanto tiempo que no sentía tanta paz. Ya no aguantaba más esa vida, siempre te veía pasar cantando alegremente. Incluso me burlé de ti al principio. Entonces creo que terminé sintiéndome celosa, porque estabas tan ocupado con algo, mientras yo... yo estaba deambulando... y cuando logré mirarte a los ojos, Miguel... ay, sí, me acuerdo de nuestro encuentro... No pude resistir el llamado divino que vi en tus ojos. Quedarme en ese lugar donde estaba es realmente malo, ¿sabes?

– Sabes que solo permaneciste allí por un tiempo por elección propia, ¿no?

Catalina bajó los ojos, juntó una mano con la otra, como si estuviera un poco angustiada, un poco impaciente, y respondió "sí, lo sé, ahora entiendo que todo en mi vida era mi trabajo, simplemente no lo entiendo. En absoluto por qué no pude, me desperté ante toda esa locura."

Me senté en una silla junto a ella y le dije "¿de verdad no lo sabes?"

Respiré hondo, sin mirarla a los ojos, porque noté que lloraba, en silencio.

- Ay, Miguel - dijo finalmente, después de unos minutos que parecieron horas -. Entiendo que no fui lo suficientemente madura para ser menos testaruda, menos ciega, menos arrogante. Pensé que el mundo tenía que servirme, que la gente tenía que cumplir mis órdenes. Ahora veo cuánto tiempo perdí. Si hubiera sido una hija más atenta, una amiga más conectada con mis amigos, si hubiera tenido más amor por mí misma... ¡ay, Miguel, cómo me arrepiento! ¡Cuánto tiempo perdido! Ahora ni siquiera sé por dónde empezar, qué hacer... Estoy tan devastada por todo esto...

Y su llanto aumentó aun más. La interrumpí al darme cuenta de que, momentáneamente, corría el riesgo de dejarse vencer por la tristeza de una manera que aun no era positiva.

- Catalina, estoy inmensamente feliz con tu presencia entre nosotros. Todo esto es obra de Dios, solo Él tiene los méritos. Y te lo mereces todas las cosas buenas que te sucederán. Ahora descansa. Absorbe la paz de este entorno. No te juzgues a ti misma. No te lastimes. Simplemente concéntrate en las posibilidades que se abrirán frente a ti a partir de ahora.

Estás entre amigos. Al darme cuenta que era hora de finalizar la visita, me despedí diciéndole que volvería a visitarla al día siguiente.

- Hasta entonces, descansa. No pienses en nada que te resulte desagradable.

Y de hecho regresé al día siguiente y varios días más, después de la recuperación de Catalina, fortaleciendo lazos de amistad sincera con ella.

Han pasado tres meses y ella está en una Colonia que, por cierto, se llama "Colonia Santa Catalina." Siempre que sea posible la visitaré. Ha estado tomando clases con su grupo de estudio, se ha sentido mucho más segura, querida por todos y, lo más importante, por ella misma. Recuperó su autoestima y logró, después de mucha reflexión, perdonar a sus padres y a ella misma.

La recuperación de Catalina puede servir de ejemplo para muchas personas, así como en la Tierra la historia de muchos sirve de ejemplo para muchas otras. Al centrarnos en nosotros mismos y tratar de calmar los sentimientos que no están alineados con lo positivo, somos de mucho mayor valor para los demás y para nosotros mismos. Cuando transformamos nuestros sentimientos estamos dando paso a otros sentimientos más nobles y el plano terrenal, así como el plano espiritual, también se beneficia de esto. No hay nada que no produzca un resultado. Por mucho que muchas veces pensemos que algo que hicimos es demasiado pequeño para provocar algún movimiento, todo lo que hacemos genera un resultado. A veces pensamos que lo estamos haciendo mal y nos preguntamos por qué, pero no hay manera de tener una respuesta inmediata a una situación inmediata si la situación inmediata no existe. Cada problema que notamos nace mucho antes del momento en que detectamos el problema. Cuando alguien enferma, la enfermedad comenzó hace mucho tiempo, las situaciones se acumularon, las cosas no resueltas de la vida cotidiana quedaron atrás, los sentimientos se reprimieron, los acontecimientos se ignoraron. Y un buen día nos damos cuenta que no estamos bien. Preguntarnos por qué no estamos bien acaba siendo una locura, ya que la causa no se debe a un solo día, sino a varios días antes.

Y todas las cosas que nos pasan nos llevan a aprender algo, a ajustar nuestros valores y acciones.

Nuestro aprendizaje se lleva a cabo en torno a cómo expresar nuestros problemas personales, cómo expresar enojo o tristeza sin necesariamente proyectar ese enojo o tristeza en los demás de una manera que los incremente en nosotros en lugar de ayudarnos a deshacernos del enojo y la tristeza que podamos estar sintiendo. Somos seres con particularidades que nos igualan y nos corresponde a nosotros lidiar con nuestras emociones de manera que no las incrementen en nuestro interior.

Muchos podrán decir "pero esta persona me hizo esto, esta situación me provocó aquello" y ante el enojo, la frustración, la tristeza, esos sentimientos que llamamos negativos, muchas personas se sienten justificadas a descontar estas negatividades en otras personas o crear situaciones que frustrará a otras personas. Creen que están haciendo esto por los demás. Pero lo hacen por sí mismos, porque el resultado de todo lo que hacemos solo vuelve a nosotros mismos.

Lo ideal – cuando nos damos cuenta que somos objetivos de esas situaciones y sensaciones que llamamos negativas –, es que intentemos minimizarlas, reflexionando más, intentando comprendernos a nosotros mismos.

Una gran herramienta que tenemos a nuestra disposición, cuando nos encontramos en situaciones frustrantes y nos sentimos igualmente frustrados, es nuestra respiración. Nuestra respiración es nuestro contacto con nuestra alma. Y cuando respiramos – en medio de situaciones con personas o situaciones que nosotros mismos provocamos para recoger aprendizaje personal –, conectamos con nuestro espíritu y, de esta manera, aceleramos nuestro proceso de aprendizaje y utilizamos las situaciones y emociones que pueden generar en beneficio de nuestra propia evolución, por eso estamos, en la Tierra, como estamos, sujetos a todo aquello a lo que estamos sujetos.

Aquí, en el plano espiritual, también tenemos nuestros asuntos personales en los que trabajar. Y lo hacemos de la misma manera. Tenemos orientación para esto. Y tampoco podemos decir, cuando estamos en la Tierra, encarnados, que nos falta guía para esto. Porque incluso un libro como este puede ser una guía.

Muchas veces dudamos de la eficacia de una herramienta, como la que aquí presentamos, porque pensamos que es demasiado sencilla o que no se puede utilizar.

Actuaremos en la forma propuesta. Pero mientras perdemos el tiempo – dando vueltas sobre la efectividad o sobre una discapacidad, que no existe, ya que podemos hacer todo lo que nos propongamos –, cuando lo ideal es que practiquemos. Porque sin practicar no sabemos el resultado.

Todas las cosas ya nos han sido dadas por Dios. No hay imposibles. No hay fracasos. Lo que existe, si nos paramos a pensar, es nuestro desgano y compromiso por encontrar excusas tontas que nos hagan retrasar el camino de nuestra evolución.

Las herramientas más efectivas son las más sencillas, que podemos utilizar en cualquier momento, día y lugar. Y solo conocemos su eficacia real cuando las practicamos, cuando las utilizamos, porque, a partir de ahí, podemos hacer cambios, ajustes y mejorarlas cada vez más, para que – al mismo tiempo que fortalecemos su poder –, también ampliar el fortalecimiento de nosotros mismos.

Días de diversión y trabajo

Si no estamos de guardia, por trabajo, solemos hablar mucho durante las noches en el plano espiritual. Sí, en este nivel de espiritualidad que estamos aquí en el Más Allá, hay noches. Y son claras, hermosas, con estrellas tan brillantes que nunca, estoy seguro, hemos visto en la Tierra estrellas iguales.

Nuestras conversaciones son realmente divertidas, los animales siempre se quedan con sus dueños cuando mueren, en estos momentos pueden participar de las conversaciones, especialmente los perros, se acuestan al lado de sus dueños como si realmente estuvieran entendiendo la conversación.

En nuestra Colonia viven muchos jóvenes, en mi edificio hay veintitrés jóvenes: once mujeres y doce hombres. Todos somos jóvenes y felices con el maravilloso sentimiento de una misión cumplida en la Tierra, al menos en esta última encarnación.

Todos hemos tenido la muerte del cuerpo que elegimos, o mejor dicho, de lo necesario para desprendernos de la materia, porque cuanto más rápida es la muerte, de esas que llegan sin avisar, mayor es la prueba que cada vez estamos más libres de la materia, o mejor dicho, de la muerte, vamos y venimos de la Tierra sin grilletes, sin apegos, de cabeza fresca.

Solo estamos separados físicamente de nuestros familiares que quedaron en la Tierra, pero pronto desencarnarán y luego nos volveremos a encontrar. Solo nos encontraremos rápidamente con aquellos que creen en Dios, que incluso pueden haber abandonado el camino del amor, pero que vuelven a tener amor en su corazón.

No necesitan comprender la partida supuestamente prematura, sino aceptar la voluntad de Dios, sin discutir, para estas personas el Reino de Dios viene a su encuentro mientras aun están encarnados.

Las cosas son mágicas cuando se trata de la vida, ya sea en la Tierra o en el Más Allá; la vida puede ser maravillosa, con todos los problemas y dificultades, solo fija tu mente en cosas maravillosas, en cosas buenas, y todo cambia. Cuando es medianoche en la Tierra, siempre hacemos vibraciones para la Tierra, para que los encarnados encuentren la paz en Dios. Lógicamente sabemos que – como piensa el pensamiento tradicional –, las vibraciones que enviamos a la Tierra no harán que los encarnados tengan todos sus problemas resueltos. Entendemos, de hecho, que las vibraciones que enviamos sirven como estímulo, energía, vitalidad. Y estos elementos pueden beneficiar a cada persona en el sentido que encuentra más paz, más paciencia, más equilibrio para ampliar su comprensión de los desafíos que ellos mismos crean para aprender lo que hay que aprender. Y, lógicamente una vez más, no todos reciben de la misma manera las vibraciones que les enviamos, sino que cada uno las recibe desde su propio nivel evolutivo. Por eso muchas veces – cuando hablamos de enviar vibraciones a los encarnados –, los propios encarnados, y muchas veces algunos desencarnados que aun no pueden ampliar su propio entendimiento, no entienden por qué incluso recibiendo vibraciones positivas todavía tienen sus propias vidas en problemas. La energía, hermanos, que enviamos, no es para resolver nada, sino para brindarles condiciones para que expandan sus propias condiciones, para que ustedes mismos se sientan capacitados para resolver sus propios problemas personales, ya que no podemos interferir en el libre albedrío de nadie, lo máximo que podemos hacer es enviar nuestras vibraciones positivas para que ustedes mismos puedan enfrentar mejor los obstáculos que se crean.

Dios nos ama, un amor que es luz y vida. Y es Él quien nos permite ser las herramientas que somos unos para otros.

En mi última encarnación en la Tierra, cuando tenía unos tres años, fui atropellado y terminé prácticamente debajo del auto. Salí de debajo del auto como si nada hubiera pasado, mientras mi madre y el conductor del auto estaban frenéticos, pensando que había muerto. En ese momento estaba siendo privilegiado por la energía que, en el plano espiritual, envían a los encarnados. También para mi madre y el conductor del coche. Pero solo estaban usando lo que podían permitirse. Y yo, de niño, estaba usando toda la energía disponible, pues todavía le daba más importancia al espíritu que al físico, ya que todavía tenía alrededor de tres años.

Tiempo después, un médium que visitaba mi madre le dijo que se suponía que había fallecido en este accidente, no sabía por qué no había sucedido. Hoy lo sé. Todo sucede en el momento adecuado, en el momento adecuado y por las razones adecuadas.

Aquí también trabajamos con los llamados niños de la calle en la Tierra. Aunque parezca extraño, estos espíritus son quienes eligieron tener la vida que tienen en el plano físico. Y eligen este papel en la Tierra precisamente para aprender a superar las dificultades de vidas pasadas, que son muchas.

El aprendizaje varía de alma a alma. Y pueden ocurrir en combinación con otras almas.

Por ejemplo, un espíritu, antes de encarnar, elige, después de mucha reflexión y preparación, nacer en la Tierra para atravesar algunas dificultades y, al mismo tiempo, ayudar a otros - que muchas veces ni siquiera son personas sin hogar -, a alcanzar entendimientos que no son suficientes, posible ocurriría de otras maneras.

Normalmente, en el ámbito de estas elecciones, se encuentran situaciones que implican compasión, autodesarrollo, caridad, amor, nobleza. Muchos - en la Tierra -, se preguntan por qué un alma busca un papel sórdido, de sufrimiento, de humillación, para realizarse como alma, para aprender ciertas cosas.

Sin embargo, debemos recordar que la vida no es lo que creemos que es desde nuestra perspectiva física y social. Nuestras vidas son mucho más de lo que podemos ver y juzgar desde la superficialidad.

Las palabras son armas difíciles de utilizar, ya que expresan un trabajo que se desarrolla en un plano no físico. Y como estamos ansiosos por saber más, terminamos enredándonos con las palabras, de modo que cuando estamos diciendo algo, por mucho que queramos ser fieles, muchas veces somos mal entendidos, ya que la otra persona solo puede entendernos desde la perspectiva, el punto de evolución en el que se encuentra, y quienquiera que esté usando las palabras lo hace desde su propio punto de evolución. Esta es la razón por la que aquellos a quienes intentan enseñar malinterpretan a los profesores.

Sin embargo, las palabras son lo mejor que tenemos, además de las situaciones que representamos, los acontecimientos en los que nos vemos envueltos.

Entonces, cuando decimos que la vida no es exactamente lo que parece ser, solo aquellos que están en un nivel evolutivo un poco más avanzado - y esto no tiene nada que ver con la educación académica social, sino con la profundidad y la experiencia del espíritu individual -, podemos entender desde una interpretación personal que combina mucho más con la armonía y la comprensión donde se privilegia el colectivo, que desde interpretaciones - todavía personales -; sin embargo, que conducen a malos resultados, ira, difamación, angustia y todos los demás sentimientos negativos que solo retrasan la evolución de nuestro propio espíritu y el de otros de nuestra raza.

Para el alma, ser un niño de la calle o una persona sin hogar no implica nada negativo, ya que el alma no busca principalmente el bienestar social. Utiliza el bienestar social como herramienta para adquirir la sabiduría a la que está destinada.

Todas estas son condiciones a través de las cuales se expande.

Muchos podrán decir "¿por qué el alma no eligió nacer con cuchara de plata, tener una vida de gloria y, finalmente, dejar este plano como un ser bendito?" Y nosotros, en el plano no físico, encontramos que las dificultades son las que agudizan el alma. Y lo que los encarnados llaman problemas son, para el alma, solo condiciones que hay que aprovechar para poder evolucionar. Es más, esto es lo que estamos haciendo cuando estamos en la Tierra, todos intentamos ser mejores de lo que somos, alcanzar situaciones físicas y sociales privilegiadas, y trabajamos con estos elementos aprendiendo de ellos. Y las dificultades que surgen en el camino, o al principio, o al final, son siempre puntos de partida para esa vida mejor. Y a través de este deseo de tener vidas mejores, estamos tomando el camino que más importa, que es el autoconocimiento y la autorrealización. Y nacer con cuchara de plata o en medio de cualquier condición que la vida nos presente no es algo pasivo, que llega sin que nosotros elijamos, sino una realidad que nosotros mismos construimos a lo largo de nuestro camino personal de espíritu, porque todo lo que hoy tenemos es el resultado de quiénes hemos sido desde que nuestra semilla fue liberada en el universo para completar la gloria de la existencia.

Todos nosotros, como almas afines, tenemos nuestros deberes unos con otros, y también con los menos favorecidos, ya que nadie evoluciona solo, esta es la Ley de la Vida.

Si cada uno de nosotros ponemos de nuestra parte, la realidad cambia mucho más rápido de lo que imaginamos. Y no deberíamos esperar a que alguien más lo haga para empezar a hacer nuestra parte. Hacer nuestra parte es una elección personal. Y hacemos nuestra parte a diario cuando abordamos nuestra vida, cuando servimos a los más cercanos, cuando actuamos de manera dinámica, independientemente de si nos dedicamos o no a la tierra necesitada.

Aunque decimos que estamos dando bienes materiales a las personas, estamos haciendo más que eso cuando estamos dispuestos a guiar a los demás, a colaborar con ellos para que puedan disfrutar mejor de su propia encarnación. Los bienes materiales son solo una expresión del deseo de ver a los demás al mismo nivel que nosotros, para poder seguir evolucionando juntos.

No se trata de dar limosna, porque cuando damos limosna, simplemente simpatizando con los demás, no estamos trabajando con el verdadero sentido de la perfección del otro y de la perfección de Dios, ya que Dios no creó a nadie menor ni mayor. Dios nos creó a todos iguales. Con las mismas capacidades. Y si desempeñamos roles diferentes es porque cada uno – desde los idealizados en el plano no físico –, está comprometido a colaborar con la luz de los demás en el aprendizaje de lo necesario para madurar hasta convertirnos en los espíritus perfectos que somos.

Así, ni siquiera se trata de ser perfectos, como ya lo somos, sino de madurar la perfección que ya somos.

Por tanto, dar limosna es fácil. Y el trabajo de madurar la luz que somos es, en cierto modo, más complejo, porque detrás del acto de dar una supuesta limosna está la cuestión del amor, de reconocer al otro como un individuo igual a nosotros.

Aunque hoy en la Tierra parezca más fácil darle un plato de comida a un perro que a una persona, hay que tomar nota que cuando utilizamos tontas justificaciones para cuidar mejor a los animales que a nuestros semejantes, lo que estamos haciendo es justificar nuestro endurecimiento de corazón y de conciencia.

Los espíritus que eligieron estar en la Tierra con dificultades como vivir en la calle son generalmente almas necesitadas que no supieron dar ni recibir amor en vidas pasadas.

Y podemos transformar la Tierra pensando en esta posibilidad - para muchos -, y en este hecho - para nosotros, espíritus, que – de este lado –, tenemos acceso a esta información.

Dedicarnos al trabajo voluntario en la Tierra es una forma especial de participar en este proceso de enriquecimiento del espíritu de nuestro hermano. Porque aquí en el plano espiritual todo trabajo es voluntario también. Y tenemos nuestros créditos aquí en el plano espiritual, como sucede también en la Tierra. Y aunque no nos dediquemos al voluntariado, podemos ampliar nuestra visión para extendernos Más Allá de lo que somos, dándonos cuenta que la Vida es más rica, más generosa y misteriosa de lo que suponemos cuando estamos en nuestros cuerpos carnales.

Contamos con el paso del tiempo, en la Tierra, como un indicador de las oportunidades que aun podemos tener cuando nos comprometemos a ser más de lo que creemos ser. Y no podemos permitirnos perder tanto tiempo a la hora de participar en este fabuloso proceso de ser más hermanos que extraños. La calidad de nuestra evolución depende de esta visión.

Y podemos desarrollar nuestro trabajo en varios frentes. Aquí en el plano espiritual aprovechamos nuestras capacidades para trabajar en la evolución de la humanidad – tanto aquí como en la Tierra –, con los recursos que tenemos y somos. Lo mismo se puede hacer en la Tierra. En cualquier ámbito profesional una persona puede contribuir al bienestar de la nación, del Estado, de la ciudad, del barrio. Y a partir de entonces, la Tierra se convierte en un lugar mucho mejor para vivir. Lo que significa que otros espíritus que lo alcancen habrán ampliado sus oportunidades de aprendizaje y no necesitarán estar atados a sucesivas reencarnaciones.

Entiendan, hermanos míos, mejorar el planeta – desde nuestro ámbito de actividad más cercano, que es el lugar donde vivimos o trabajamos –, también contribuye a mejorar el plano espiritual. Es un esfuerzo conjunto.

Recuerdo que cuando mi madre se separó de mi padre, nos fuimos a vivir a Diadema y yo fui, saliendo de un colegio privado, a estudiar a una escuela estatal. Durante el mes de vacaciones fui en avión a la casa de mi tío en Recife/PE. Fueron unas vacaciones para la sociedad terrenal de la época, privilegiado, porque además de volar, estaba acostumbrado a visitar lugares considerados de élite, comiendo algo más que arroz y frijoles. Y cuando regresé de las vacaciones, en el aula, la maestra comenzó a dar un discurso apasionado contra el gobierno, diciendo que la mayoría del pueblo no tenía ciertos privilegios que debían ser concedidos a todos.

En medio de su discurso, preguntó a los niños "¿quién se ha subido alguna vez a un avión?"

Y nadie levantó la mano. Yo tampoco.

Cuando llegué a casa, le conté este hecho a mi madre. Ella se rio a carcajadas, como siempre, y me preguntó:

- Oye Miguel, ¿por qué no levantaste la mano, hijo mío?

Le dije:

- No estoy loco, la gente pensará que estoy mintiendo, mamá.

Esto es lo que pasa, ante discursos incendiarios, que poco contribuyen a la evolución del espíritu, pues falta respeto a los gobernantes, que son espíritus también en aprendizaje y responsables de la evolución social de su pueblo, trabajamos más en denigrar que en ayudar a la gente a soñar con un futuro mejor, con mejores ideas, con actitudes más perfeccionadas.

Lo que normalmente se hace es inflamar los ánimos con emociones irracionales que no logran más que hacer que el espíritu – mientras esté en el plano terrenal – suscite ansiedades y disgustos que no contribuyen en nada a la evolución social y espiritual.

En lugar de utilizar nuestro tiempo para aprender, para mejorar, a menudo preferimos utilizarlo para desahogar nuestra angustia, que ocurre simplemente porque no hablamos con nuestro espíritu, abriendo la puerta para que no nos privemos de la luz con la que nuestra contraparte espiritual puede bañarse, ampliando así nuestra comprensión de lo que no entendemos en ese momento.

Y cuando no utilizamos nuestro tiempo para aprender, para mejorar en nuestras propias áreas de trabajo, por ejemplo, terminamos siendo profesionales mal preparados, ciudadanos a los que les falta algo más, seres humanos que no utilizamos ni la mitad de las capacidades que poseemos. Y nuestro espíritu se ve más impedido de poner en práctica sus capacidades cuando dificultamos, mediante el valor que damos a las acciones y opciones egocéntricas, actuar. Y esto, por supuesto, no permite que nuestro desarrollo, en su conjunto, se produzca tan rápidamente como podría.

Cuando nos limitamos a lo que llamamos desahogarnos, simplemente crecemos poco, perdiendo el tiempo – ese don precioso, cuando sabemos utilizarlo –, en comportamientos que solo retrasan nuestra evolución y aumentan nuestro sufrimiento.

De hecho, aumentamos aun más nuestro sufrimiento cuando distorsionamos otras almas que están en nuestro espacio, inculcándoles nuestra visión distorsionada de la realidad. Como vemos, somos nosotros quienes creamos nuestras desgracias, y de una manera tan sutil que apenas nos damos cuenta, ya que valoramos, en general, mucho más lo superficial.

Cuando desencarnamos estamos solos, como si durmiéramos con nuestras verdades. Y al encarnar también nos encontramos en nuestro estado completo de ser – de espíritu, que es lo que somos esencialmente –, y ajustamos pensamientos, deseos, actitudes. Sin embargo, si no sabemos aprovechar, aquí en la Tierra, estas oportunidades que idealizamos en nuestro espíritu, bloqueamos nuestro propio camino. Por lo tanto, es un trabajo de paciencia para el alma – que es lo que somos –, hacia el proceso de evolución, ya que muchas veces plantamos de noche, cuando dormimos, y derribamos toda la plantación cuando estamos despiertos, en el plano físico.

Cuando planteamos esta posibilidad - para los que no creen -, cuando planteamos este hecho - para los que creen -, podemos redoblar nuestra vigilancia, ¿no creen?

Lamentablemente no podemos hablar de todo en un espacio como este, el de un libro, porque – como dije en relación a las palabras –, muchas de las cosas que aprendemos aquí se interpretan de manera diferente en el plano físico. Y, aparte de eso, todavía está la cuestión que cada espíritu aprenda por sí mismo. Y cuando intentamos, aquí en el plano no físico, argumentar esta guía dada por nuestros maestros, nos dicen que ya hay muchísimos recursos en la Tierra. Y aun así, cuando encarnamos, nos empeñamos en despreciar, desprestigiar.

En lugar de reflexionar sobre la posibilidad que estas verdades sean realmente verdades, cuando encarnamos preferimos prestar atención a nuestra vida material y, por tanto, tardamos mucho más en comprender lo que se podría aprender aquí en esta línea, aquí en lo que estoy siendo permitido comunicar.

La vigilancia que es posible cuando estamos en la Tierra no tiene nada que ver con ir a la iglesia, a los cultos, a los Centros Espíritas. No es todo de lo que hablo, porque acudir a estos lugares es solo una oportunidad más para tener acceso a materiales y mensajes que nos acercan a la condición espiritual. La vigilancia de la que hablo aquí es la que tiene que ver con controlar la propia mente, con observar las propias emociones, con la dirección personal para el propio bien. Y la sintonía constante con Dios, que es la mayor vibración de la vida, se difunde por todo el ambiente terrenal que nos rodea.

En general, en la vida no hay excusas ni secretos. Todo lo que hay que saber, ahí está. Solo necesitamos tener la postura correcta para aprender todo lo que hay que saber. Y muchas veces queremos saber cómo llamamos a todo. Pero no tenemos la actitud adecuada para aceptarlo, porque nuestra actitud es de queja. Y ya sabemos que quejarse no conduce a nada. Y la mayoría sigue quejándose. Empezar a cuestionarse a partir de esta conclusión es un buen comienzo para abrir las puertas que vivimos diciendo que nos gustaría ver abiertas, las puertas de la percepción.

Vivir en paz con las decisiones que tomamos, ya sea que seamos padres, madres o hijos, es una condición importante para liberar nuestro cerebro para mayores descubrimientos, ya que la paz es el permiso para que la vida se desarrolle frente a nosotros.

E independientemente de las decisiones que tomemos, incluso sin tener recuerdos provenientes del cerebro sobre ellas, fuimos nosotros quienes las tomamos.

Aunque las almas eligen ser mujeres, por ejemplo, y se sienten inclinadas a comprender más rápidamente las cosas que están a su alcance, precisamente por la cultura en la que crecen y las condiciones específicas del país en el que eligieron encarnar en la Tierra, esto no significa que el rol elegido de ser hombre, al encarnar, no ponga a disposición de estas almas las condiciones necesarias para el necesario aprendizaje.

Y aunque a las mujeres, al ser generalmente más afectuosas, les resulta más fácil expandirse, ya que utilizan más libremente su lado sensible, los hombres también pueden reflexionar sobre su sensibilidad más acentuada para entender la vida con mayor libertad.

Normalmente lo que les sucede a las almas es que eligen el género sexual con el que nacerán en la Tierra. Y esta elección sigue esquemas relacionados con lo que pueden aprender al desempeñar el rol que eligieron.

Así, en encarnaciones sucesivas, a menudo desempeñamos los papeles de hombres y mujeres, madres y padres, hijos e hijas.

Nadie logra nada solo

Nuestras charlas diarias a última hora de la tarde y primeras horas de la noche actualmente giran en torno a Paty.

Paty desencarnó a los quince años, fue atropellada por un camión fuera de control, sin frenos, mientras pedaleaba su bicicleta, cerca de su casa. Su desencarnación fue instantánea.

Paty es fantástica, muy lúcida. Llegó aquí hace tres meses en términos de fecha terrenal, un poco después que yo. Su familia quedó conmocionada y sumida en la desesperación. Por lo tanto, ella, a su vez, no pudo recibir ningún sentimiento de consuelo por parte de su familia. Sin embargo, Paty es un espíritu muy evolucionado, y no se dejó afectar por las olas de perturbación que le enviaban sus familiares, ni siquiera sin querer.

Este "sin querer" es tan extraño que me siento igualmente extraño al pensar en ello, porque este "sin querer" surge de una falta de compromiso real con la propia vida y con la fe que las personas dicen tener en Dios. E incluso las personas que no confían en Dios no deben actuar de esta manera, ya que deben basarse en recordar, en estos momentos, que la vida ha tenido estos dramas desde que el mundo terrenal es terrenal.

¿Creen los familiares que están haciendo el bien al actuar de la manera desesperada que lo hacen cuando se encuentran en situaciones consideradas atroces? ¿A quién le hacen el bien?

Sí, como dije, es natural sufrir, pero ¿arrastrarse por el sufrimiento, cambiar tanto la vida y obstaculizar la continuación de la evolución de la persona encarnada, es una razón para esto?

Y sí, las personas a menudo no tienen idea de por qué sufren de la forma en que lo hacen. Pero ¿no es el trabajo que estamos haciendo, nosotros en el plano espiritual, información que vale la pena considerar?

Muchos mezclan sentimientos personales con sentimientos de piedad religiosa, confundiéndolos, lo que les hace sentirse justificados en el sufrimiento, creyendo que a través del sufrimiento serán recompensados con una felicidad futura. Sin embargo, no hay nada bueno o malo, sino resultados comprensibles y prácticamente factibles. Y el resultado de años desperdiciados alimentando el sufrimiento, fortaleciéndolo, nos da los peores resultados, ya que la lentitud con la que evoluciona es descaradamente visible.

¿Si optamos por una filosofía del no sufrimiento? Podemos estar de acuerdo, porque realmente no hay nada que valga la pena en el sufrimiento que dura años. Y si nos dimos cuenta de esto cuando llegamos al llamado final de la línea, ¿por qué no darnos cuenta ahora y comprometernos a no sufrir? Mira, la propuesta no es convertirnos en seres duros, fríos, capaces de burlarse del dolor ajeno, sino ver los acontecimientos que nos suceden desde otra perspectiva. Una perspectiva mejorada y ampliada que realmente nos hace centrar nuestra atención en lo que nos hace crecer, no en lo que obstaculiza nuestro crecimiento.

Al no aceptar la llamada pérdida de los desencarnados, no solo sufren los encarnados, sino que también sufren los que desencarnados, cuando tienen la misma naturaleza de preocupación por los que quedaron. El trabajo acaba redoblándose, tanto por parte de los espíritus que necesitan ayudar a los de la Tierra como de los espíritus que necesitan ayudar a los de este lado. Estamos haciendo nuestro trabajo aquí y allá. Y con amor y esperanza. Y alertar a nuestros hermanos que están en la Tierra es parte de este trabajo. No se trata solo de deshacerse de este trabajo. Y sabemos que si no existiera este trabajo por hacer, podríamos dedicarnos a muchos otros. Pero no mantenemos nuestra atención en ello. Como espíritus, no nos corresponde a nosotros pensar en el próximo trabajo a realizar cuando el actual esté terminado. Depende de nosotros hacer nuestro trabajo de la manera más honorable posible. Y eso es lo que hacemos.

Todos tenemos que prepararnos, cuando estemos en la Tierra, para la separación física que, tarde o temprano, llegará. Y si alguien aquí debe sentir lástima por alguien, seguramente no son los hermanos fallecidos, que están siguiendo su evolución de la forma más adecuada. Al auto examinarse, observar sus acciones, sus comportamientos, los encarnados sentirían lástima de sí mismos, no de los hijos que dicen haber perdido.

Aunque los encarnados digan que no tenemos nada, por eso no perdemos nada, estas jergas solo sirven para los demás, nunca para ellos mismos. Esto queda muy claro cuando les vemos en situaciones de supuesta pérdida de un ser querido. Así, si los encarnados se limitan a repetir palabras que para ellos mismos carecen de sentido, acabarían sintiendo lástima de sí mismos por ser tan falsos consigo mismos, ya que la verdadera lección a enseñar es la que primero debe ser experimentada por quien enseña. Y el que emplea su tiempo en experimentar lo que enseña, tiene poco tiempo para enseñar a otros a través de las palabras. La verdadera enseñanza ocurre a través del ejemplo. Y el ejemplo se da a través de la experiencia personal de aquello en lo que decimos creer. Y si hay algo en lo que la persona dice creer, esta declaración de "yo creo" solo puede ser real si la persona realmente vive lo que dice creer.

Nosotros, los desencarnados, estamos en la Casa de Dios, en sus Colonias, con nuestros hermanos, aprendiendo, preparándonos para futuros aprendizajes. Y no necesitamos que la gente nos llame la atención con su sufrimiento excesivo.

La familia de Paty recién la dejó sola ahora, unos ocho meses terrenales después de su muerte.

Nosotros, del grupo de trabajo espiritual, íbamos todos los días a la casa de sus padres para darles pases energéticos, hasta que finalmente logramos inspirarlos a ir a un Centro Espírita. No tenemos nada en contra de otras religiones, ya que entendemos que todas las religiones son recursos que ayudan a las personas a tener una visión espiritual más clara. Pero, en trabajos como estos, siempre elegimos inspirar a la persona hacia el lugar donde pueda encontrar mayor consuelo. Y en la Tierra, actualmente, es el Espiritismo el que mejor hace esta labor, dando respuestas sobre la muerte física, permitiendo la comunicación entre encarnados y desencarnados con los vínculos familiares a través de la psicografía, que son mensajes recibidos por médiums y transmitidos a los familiares. Entonces, para este tipo de trabajo, son los espíritas – en la Tierra –, los que elegimos, y según la reputación del lugar, ya que hay Centros que no honran el trabajo que realizan. Por lo tanto, así como investigamos la reputación de los lugares a los que inspiramos a la persona o familia a la que ayudamos a ir, los encarnados también necesitan investigar la reputación del lugar al que se dirigen.

De nada sirve, hermanos míos, nadie hace nada solo. Siempre es un trabajo a dos manos.

Sé que a muchas personas, estando en la Tierra, les gustaría tener un espíritu solo para ellos, que les dijera qué hacer, qué comer, qué beber, qué ponerse, qué decir. Pero este no es un deseo divino. El deseo divino es que cada persona tenga su propia autonomía y trabaje en conjunto, ya que Dios y toda Su Creación no es individualista, aunque está diseñada por lo que es uno, no permitiendo que nada en esta creación sea igual, repetido.

Además, si existiera un ser que tuviera que estar a disposición de otro, ¿cómo se ocuparía de su propia evolución? ¿Cómo podría ser posible que se entregara a sí mismo por el bien de otro, teniendo que vivir su vida y la de la otra persona?

Incluso podemos imaginar que el hecho que un espíritu de tal tamaño alcanzara la evolución estaba exactamente al servicio del espíritu encarnado, pero ¿qué podemos esperar de la evolución de una persona encarnada si se ancló tanto en un espíritu desencarnado?

En efecto, cuando nos detenemos a pensar, observamos que esto ya ocurre, pues tenemos – tanto en la Tierra como en el Más Allá –, espíritus que se nos revelan.

Pero los seres humanos anhelan más, normalmente la esclavitud de uno por sí mismo. Y esto definitivamente va en contra de todo lo que aprendemos sobre la justicia y, sobre todo, el amor.

Paty envió un mensaje a sus padres, con los nombres de sus hermanos en la Tierra, que la médium ni siquiera conocía. Y otras llamadas comprobadas que solo los padres podrían conocer para identificar el mensaje como de la propia Paty.

Al momento que la médium leyó el mensaje, los padres lloraron muy emocionados, sintieron la presencia de Paty en ese momento. Tenían pruebas que su hija estaba viva. Entonces sí, recobraron el sentido y empezaron a pensar más en ella, pero con amor, sin revueltas y sin sacar a relucir recuerdos del accidente. Y sé que seguirán así por el resto de sus días en la Tierra, porque el trabajo realizado por nosotros, el mensaje de Paty y la comprensión de los propios padres han hecho que la esperanza renazca en sus corazones.

Si todos los padres supieran cuánto pueden ayudarnos y cuánto pueden ayudarse a sí mismos, apuesto a que aceptarían más rápidamente la muerte de sus hijos.

Y sé que es por eso que mi madre me permitió escribir este libro, para transmitir el mensaje que el sufrimiento excesivo crea desequilibrio y retrasos adicionales en el camino de la evolución, tanto para las personas encarnadas como para las desencarnadas.

No crean que soy mejor espíritu que los muchos que están aquí solo porque logré enviar mi primer mensaje diez días después de haber desencarnado tras un asesinato. Hay muchos aquí que llegan por las mismas rutas y permanecen vagando durante varios años.

La única diferencia es que mi madre me dio toda la fuerza y apoyo en mi desencarnación, pues seguía pensando en mí como un ser que sería acogido por los maestros guías y que recibiría toda la luz necesaria para mi evolución. Esto fue muy importante para que no sufriera con la desencarnación y que, apoyado en toda la energía que ella me enviaba a través de sus oraciones, pudiera buscar lo mejor para mí, que era, en ese momento, dejarme guiar por el equilibrio, armonía y amor.

Mi madre no le hizo preguntas a Dios, descontenta con mi desencarnación. Y eso me ayudó mucho, ni se imaginan el sufrimiento que me ahorró actuando así. Y por eso sé que nuestro reencuentro, cuando ella fallezca, será inmediato, porque sé que ella es un espíritu equilibrado y todo equilibrio acorta la distancia entre pares igualmente equilibrados.

Y, como me gusta decir, cuando nos volvamos a encontrar, bailaremos entre las estrellas, con el cielo como manto.

Sí, me gusta poetizar de vez en cuando. Cuando estuve en la Tierra también me gustaba escribir poesía para niñas. Los amigos aquí se burlaban de mí de vez en cuando. Pero soy un espíritu totalmente romántico. Y así como en la Tierra hay romanticismo, aquí tampoco es diferente. Y si podemos aprovechar nuestra veta poética, hagámoslo en cualquier lugar. Ya sea en la Tierra, en el cielo o en cualquier lugar.

Características de los planos

En nuestras salidas de trabajo en el Umbral vemos cosas que nadie, ni siquiera nosotros que somos aprendices, imagina posibles. Porque como todavía trabajamos con la misma concepción mental terrenal, los hechos que surgen entendemos que los de la Tierra también nos sorprenden.

Trabajamos en el orbe de los espíritus terrenales. Y sí, hay quienes trabajan en orbes que no son los destinados a los terrícolas. Y no me pregunten sobre estos, ya que nuestro trabajo se limita a los espíritus terrenales, como acabo de decir.

Quienes llevan mucho tiempo trabajando aquí no necesariamente se sorprenden, es como si ya lo hubieran visto todo. Y no sorprende que sean ellos los que más nos ayudan a comprender, aceptar y ampliar los aprendizajes de todas las experiencias que tenemos cuando estamos en el campo.

Mantener el equilibrio energético es fundamental para ayudar a quienes sufren.

En el Umbral hay de todo, hasta espíritus que desencarnaron como niños. No son exactamente niños, sino espíritus muy antiguos que encarnaron siendo niños y terminaron desencarnando durante la etapa de infancia terrenal y tomaron esta forma aquí en la Umbral y lo siguen haciendo.

Son espíritus que tienen una gran resistencia a evolucionar, a crecer hacia la luz.

Los asesores que nos acompañan en estos trabajos nos orientan a reconocer espíritus como estos, pues nosotros, aprendices que somos, muy bien podemos tomar a estos espíritus como si fueran seres inocentes y caer en sus trampas. Nuestro instructor se llama Joaquim. Parece tener unos cuarenta años. Inmigrante portugués, se fue a Brasil, cuando estaba encarnado, a los diez años, con sus padres. Su última encarnación se produjo apenas se descubrió Brasil.

Es una persona súper amable, muy amable y educada.

Dice que en el Umbral estos espíritus se comportan de cierta manera, rechazando la ayuda de cualquiera, solo tienen pensamientos oscuros y se roban unos a otros, pretendiendo ser alguien que no son. Y cuando reencarnan, solo hacen lo que no es bueno.

El espíritu que queda con apariencia de niño, aunque es un espíritu muy viejo, tiene una mirada sospechosa, que realmente no tiene un niño en la Tierra.

Según el hermano Joaquim, que trabaja desde hace siglos rescatando almas del Umbral, estos espíritus son pequeños, algún día crecerán, pero por ahora no pueden salir del estado en el que se encuentran porque no se han dado cuenta que hay gran placer en la evolución personal.

Cuando recolectamos estos y muchos otros espíritus, los llevamos al Umbral de la sala de emergencias y muchos de ellos son recibidos por la tía Cida. Es una dama encantadora, siempre sonriente y de buen humor. Trabaja como consejera en la sala de urgencias a la que acudimos habitualmente. Acoge a los espíritus con tal dedicación que impresiona a todos, guiando a los espíritus a estar bien, a tener bienestar.

Cada vez que volvemos del Umbral, nos sirve una sopa bien hecha y, mientras comemos, nos deja para acoger a los espíritus que necesitan de sus cuidados.

La docilidad de la tía Cida parece quedar impresa en las paredes de la cafetería. Como más con los ojos que con la boca, porque he aprendido que una comida me basta. Poco a poco aprendo a superar las viejas necesidades del cuerpo material. No necesito mucho de lo que necesitaba antes.

Y a nivel espiritual es así, poco a poco nos vamos desacostumbrando a las viejas costumbres. Es así como incluso nuestras concepciones sociales terrenales van siendo reemplazadas por otras y nos volvemos más sutiles en nuestro cuerpo mientras nuestra memoria se abre y nos entregamos a nuestras reflexiones que serán de gran utilidad si tenemos que abrazar una nueva encarnación. Y no es que haya aprendido lo que el espíritu necesita, es que he ido recordando cosas que siempre supe.

La sopa de la tía Cida es fantástica, tan deliciosa como la pasta que hacía mi madre. Sin embargo, estas preferencias cobran otra importancia para nosotros, las personas desencarnadas. Un alimento es un alimento, un sabor es un sabor. Y la vida no está hecha de comida, sino de sabores. Es como si existiera otra realidad en los sabores, tan llena de placeres como la que conocemos de los alimentos sólidos que comparten con nosotros la sensación que tienen. Y sé que sueno un poco extraño hablando de esto con los encarnados. Sé que la mayor parte, si no todo, de lo que digo sobre las experiencias en el Más Allá parecerá inapropiado, como si lo hubiera perdido. Por eso los desencarnados evitan decir algunas cosas cuando tienen la oportunidad de expresarse a través de los libros o cartas que envían a la Tierra. Y por eso la literatura emitida por los desencarnados termina siendo insulsa, como si estuviéramos diciendo las mismas cosas, lloviendo sobre lluvia, sin revelar muchas novedades, porque sabemos que somos incomprendidos cuando intentamos describir las maravillas del Más Allá.

Aquí en el Más Allá soy mucho más feliz que en la Tierra, el placer que tengo aquí es intraducible.

Aquí, cuando eliminamos las barreras que hay en nuestra propia mente, el paraíso aparece con toda su fuerza, ya que toda nuestra percepción se expande y somos capaces de vivir situaciones y sentimientos con tanta fuerza que solo la palabra "felicidad" encuentra eco, aunque pálidos, para los encarnados.

Si ustedes, encarnados, pudieran ver cuán felices somos, las tonterías que se hacen en la Tierra, como las guerras, la marginación, el hambre, la envidia, los sentimientos mezquinos, desaparecerían de la faz de la Tierra por el comportamiento de cada uno, porque todos esto es una ilusión y si la gente insiste, con sus justificaciones, en perder el tiempo en las mezquindades con las que lo pierden, es solo por ignorancia que lo hacen. Pero esta ignorancia es elección propia. Y cada uno cosecha de la semilla que siembra. Y para uno mismo.

Hoy estuve hablando con Ricardo. Ricardo, cuando estuvo en la Tierra, estaba celebrando una fiesta para celebrar su matrimonio con Vivian. Jóvenes, guapos, ricos, él y su novia lo tenían todo para ser felices en la Tierra, a los ojos de los hombres no les faltaba nada. La fiesta estuvo hermosa. Pero en el viaje que hicieron a la ciudad donde fueron a pasar su luna de miel, sucedió un grave accidente automovilístico y Ricardo falleció a los veintiséis años. Ricardo sufrió mucho después de fallecer, vagó por muchos años terrenales extrañando a su esposa y también con el sentimiento de ser extrañado por ella.

Ricardo casi se vuelve loco aquí en el Más Allá. Sus familiares tampoco pudieron ayudarlo mucho, ya que también se entregaron al sufrimiento atroz. El sufrimiento añadió más leña al fuego, el combustible del inconformismo, del egoísmo, de la desesperación, de la falta de fe en los planes de Dios. En este caso hubo falta de amor. Y, en este caso, amor es aceptar la desencarnación, respetando la voluntad de Dios.

Cuando Ricardo logró alejarse del dolor y darse cuenta que así como la vida continúa en la Tierra, también continúa en el Más Allá, logró ser rescatado del Umbral, logró comenzar a poner en orden sus ideas y comprender el plan mayor que la vida tiene para cada uno de sus hijos. Poco a poco, Ricardo aprendió a madurar y a utilizar el sufrimiento como palanca de crecimiento, para aliviar el dolor propio y el de los demás miembros de la familia que todavía estaban en la Tierra.

A medida que pasa el tiempo, somos capaces de mirar la vida terrena sin el apego que tenemos cuando estamos en la Tierra, y cambiamos nuestra perspectiva, valorando otros elementos, lo que sería muy difícil de expresar con palabras para los encarnados.

Muchos llegan a pensar que la vida en el Más Allá es insípida, sin ningún placer, pero ¿cómo explicar que en el plano espiritual nuestra felicidad es constante en comparación con la de la Tierra, que se caracteriza por momentos de alegría demasiado fugaces tanto en duración del evento y la emoción que conlleva?

Hoy, después de dieciséis años, su esposa ya se ha casado con otra persona y es feliz.

Ricardo vive en la misma Colonia donde vivo yo, es muy juguetón, siempre habla de cómo el marido de su esposa – que es su primo en la carne – se convirtió en su mejor amigo, porque hizo que ella dejara de llevarlo a él, Ricardo, al mismo accidente todos los días, ya que no podía dejar de pensar en ello. Automáticamente, cada vez que ella mencionaba este hecho, Ricardo se sentía arrastrado a la misma situación y revivía nuevamente toda la amargura. Lo mejor es ni siquiera pensar en las circunstancias que rodearon nuestra desencarnación, porque cada vez que un encarnado cercano evoca este recuerdo, por la fuerza de los vínculos que tenemos entre nosotros, también nosotros nos sentimos atraídos por el sufrimiento que este recuerdo también está incrustado en nosotros.

Lo que pedimos, de este lado, es incluso un cierto respeto, porque si las circunstancias de nuestra supuesta muerte ya no son el acontecimiento principal de nuestras vidas, ¿por qué tiene que ser así para los que permanecen en la Tierra?

No tiene ningún sentido práctico. Ni desde un punto de vista físico ni desde un punto de vista no físico.

Cuando consideramos que todo pasa, que toda forma de argumentación pasa, lo que queda es solo el amor, este don divino. Así, lo que queda siempre es la opción por la felicidad y la elección por la felicidad es siempre opcional, incluso después que quitamos de nuestra vista la necesidad de explicaciones que siguen a los argumentos utilizados para aliviar nuestros deseos más profundos y las dudas que nos mueven.

Si nos motivamos, si nos cuestionamos, siempre lo hacemos por felicidad personal. Y es tan sencillo continuar en el camino, en favor de la felicidad que hemos elegido, eliminando toda necesidad de explicaciones y argumentos, que incluso nosotros mismos – encarnados y desencarnados –, logramos aceptar que lo más importante es el respeto y el amor por nosotros mismos y con los demás.

Mantener un corazón limpio, sin el veneno de las emociones negativas, sin intenciones del mal, sin envidias, preocupaciones, celos, anhelos desenfrenados, es un camino fácil de seguir. Solo tenemos que elegir esto y, a la luz de esa elección, empezar a vivir nuestras propias vidas sin entregarnos a estas cosas inútiles.

Para cada sentimiento existe su contraparte desequilibrada. Entonces, sentir nostalgia es saludable, pero estresarte por la nostalgia que sientes es negativo. Sentir amor es saludable, pero llevar ese amor hasta la exageración termina siendo poco saludable.

Por tanto, nosotros mismos, a partir del análisis de nuestra propia conducta, podemos elevarnos, dando paso únicamente al equilibrio.

La calidad de nuestras vidas, tanto en la Tierra como en el plano no físico, es un reflejo de las lecciones que sabemos que necesitamos aprender para expandirnos en espíritu. Y a nuestra disposición están todos los recursos necesarios para este aprendizaje.

Por ejemplo, cuando nos enfrentamos a dificultades financieras, aprendemos a utilizar nuestra prosperidad con moderación y prudencia.

Ante enfermedades del cuerpo físico, aprendemos a respetar y valorar el vehículo del que dependemos para tener nuestra experiencia en este rango de realidad, que es el planeta Tierra.

Y estos argumentos sobre valorar lo que tenemos, incluso cuando no tenemos la condición que necesitamos valorar, no son, como muchos podrían pensar, "hablar hasta dormir." El sentimiento, tanto aquí en el Más Allá como en la Tierra, es fundamental. Y no se trata de tener pensamiento positivo. Hay más implicados en esto. Se trata de estar mentalmente más sanos, porque valorar lo que tenemos, incluso cuando no lo tenemos, tiene que ver con la prosperidad en su conjunto, ya que es a través del pensamiento equilibrado que podemos producir más equilibrio.

Los "consejos" que estoy dando aquí, y hay muchos entre líneas, se dan con el permiso de mis superiores, son ayuda de hermano a hermano. Y mientras, estando encarnados, no sepamos el valor de estos consejos al practicarlos – ya que así valoramos todo lo que tenemos, a través de la práctica –, no podremos recibir otros, como sucede con muchas de las prácticas que llevamos a la realización en un estado de madurez personal que allana el camino para otras enseñanzas, ya que hay enseñanzas que solo se nos revelan cuando podemos lidiar con aquellas que, en su mayor parte, aun no han sido aprendidas en su raíz.

Decir que aprendemos teóricamente no es aprender de hecho, ya que el verdadero aprendizaje se muestra en la práctica, ya que a través de la práctica hacemos ajustes según quiénes somos, lo que nos lleva a ser diferentes de lo que somos. Y luego sí, se nos transmiten otros aprendizajes. Esto incluye también la evolución personal y colectiva en su conjunto.

No podemos permitirnos ver la realidad física como la única que existe, incluso frente a una situación actual en la que en la Tierra no existen máquinas para comprobar los acontecimientos según el modelo sistematizado que los espíritus desarrollaron en la Tierra. No se trata solo de tener o no tener fe. Se trata de ejercer una conciencia mucho más amplia, fruto de una mentalidad que ya ha superado la necesidad de máquinas.

La sensibilidad debe ser respetada y explorada en el sentido de ver más allá de lo que nuestros ojos pueden mostrar, ya que nuestros ojos solo nos muestran lo que nos permitimos ver.

Aquí en el Más Allá tenemos a María Julia, una hermana muy querida, que esperaba impaciente la llegada de su padre al plano espiritual. Su padre era muy materialista. Y supo, por eso, que sería muy difícil que su padre llegara a este plano. En la Tierra vivían como pobres, siendo muy ricos económicamente, ya que su padre no soportaba gastar dinero, siendo una persona muy tacaña. Ante la sola idea de gastar dinero extra, comenzó a sentirse físicamente enfermo, con ataques de nerviosismo y depresión, ya que se sentía despojado, usurpado de su identidad, ya que sentía que su dinero era una herramienta que lo hacía reconocido y respetado... en el plano terrestre. María Julia había tenido una vida difícil, trabajó desde muy temprana edad en la "no revuelta", aprendió a confiar cada vez más en Dios como herramienta de identidad personal. Incluso nos contó muchos hechos ocurridos en su corta vida en la Tierra. Tenía y todavía tiene una gran fe. Y esto muchas veces hizo que todos en su familia la diferenciaran, pero ella insistió en seguir siendo una persona diferente y su fe es la que marcó la diferencia, como ella la cultivó.

Una tarde, el capitán Barbosa, amigo de la familia, le dijo:

– María Julia, eres demasiado hermosa para vivir así sin amigos, sin los mismos intereses que tu familia...

Ella dijo:

– Capitán, estoy con Dios, usted no puede ver mi felicidad, ya que solo ve lo que es visible a los ojos.

Y mirando dulce y fijamente al Capitán Barbosa, continuó:

– Felicidad no significa bienes materiales, felicidad es tranquilidad y bienestar es ser feliz con la vida, sea como sea. Estoy feliz, Capitán, muy feliz.

Esta conversación tuvo lugar en la Tierra, antes que María Julia desencarnara. Como era una chica tranquila, todos pensaban que estaba perturbada, que era estúpida. Ella; sin embargo, solo hizo lo que su corazón le pedía, porque sabía que nuestro corazón es portavoz de Dios, ya que cuando aceptamos lo que nuestro corazón – de forma equilibrada y pura –, nos guía a hacer, estamos siguiendo el mejor mapa para nuestra vida. La mayoría de los espíritus, cuando encarnan, hacen lo que se rige por el ego, la vanidad y el orgullo. Y no podría ser diferente, ya que la Tierra es como una escuela, donde nos sentimos inclinados a ir por los demás, no por nosotros mismos. Sin embargo, como este es el mayor desafío de nuestra vida, podemos contar con recursos, en forma de diferentes personas y enseñanzas, que nos guíen para darle importancia a nuestro corazón, nunca a nuestro ego. Por supuesto, terminamos siendo discriminados negativamente cuando elegimos seguir nuestro corazón, pero cuanto más firmes estemos, más fácil resulta tener a nuestro guía perfecto en nuestro corazón.

Se paga un alto precio, podríamos decir, por seguir nuestro corazón, pero el precio aun mayor lo pagan aquellos que prefieren dejarse guiar por las vanidades mundanas.

Y si María Julia fue ese espíritu que al encarnarse no olvidó su corazón, fue porque aprendió esta lección a lo largo de sus diversas existencias terrenas.

Y esto, enfatizo, no es solo su privilegio, porque en este mismo momento, aquellos que viven bajo cualquier otra guía que la de su propio corazón, pueden hacerlo ahora. Simplemente decide escuchar los deseos más puros de tu corazón y sigue adelante desde allí, renunciando a seguir los consejos del mundo.

En algún lugar, en algún momento, esto tendrá que suceder. Y no es necesario que el sufrimiento nos enseñe esta lección. Ahora mismo, evitando todo el dolor que nos lleva a esta decisión, es posible hacerlo.

Este sufrimiento, lamentablemente, fue el precio que el padre de María Julia tuvo que pagar a sí mismo, a la vida misma.

Cuando el señor Sebastián falleció, María Julia fue a ayudarlo, para que tuviera una transición más tranquila, porque aunque había aprendido a amar a su padre, entendiendo la razón por la cual él era como era, sabía que él habría tenido dificultades para adaptarse, separado de su cuerpo físico, tan apegado a la materia como estaba.

Y realmente fue así, ya que, apenas entró en el proceso final de transición de lo físico a lo no físico, el señor Sebastián no pudo sentir que el cuerpo era solo una máquina utilizada para sus exploraciones en la Tierra. Para colmo, los familiares lloraron, gritaron y se rebelaron contra Dios y contra la partida del hombre. La familia, despidiéndose de María Julia hacía dos años terrenales, sin haber asumido su partida, lamentó aun más la partida del patriarca.

Esta reacción puramente materialista solo obstaculizó aun más el proceso de desmaterialización del espíritu, que comenzó a sufrir por la energía del sufrimiento emanada por quienes lo rodeaban, prefiriendo quedarse junto al cuerpo sin vida en el velorio antes que percibir la energía de la positividad y el equilibrio. de María Julia y de nosotros, sus hermanos, igualmente en el plano no físico.

Cuando su cuerpo fue enterrado, todavía apegado a la materia, prefirió continuar en su sufrimiento durante semanas, meses y años, comenzando a vagar por el cementerio como un alma verdaderamente desterrada. Cuando un familiar visitaba el cementerio, empezaba a lamentarse, diciendo que estaba allí, que no entendía por qué no le hablaban, en una especie de desesperación, rabia y revuelta por estar en una situación que él no entendía.

Sin darse cuenta, actuaba como cuando aun estaba encarnado, con la ilusión de arrogancia que le hacía creer que era el dios eterno de su propia vida y de las situaciones que podía controlar con el poder de su dinero, gastado con avidez. de la forma más económica posible.

Las ideas humanas son nuestro propio veneno, veneno mortal, no solo para el cuerpo, sino, principalmente, para el espíritu mismo, ya que eso es lo que somos todos. Y nuestras ideas, desarrolladas en el plano físico, pueden volverse desesperantes para nosotros, al estar desencarnados, a medida que pasamos algo alrededor de la esperanza de vida de cada época fortaleciendo pensamientos que generan una postura personal y es con esta postura personal que afrontemos nuestros desafíos tanto en la Tierra como cuando salgamos del estado de encarnación.

Todo lo que hacemos, pensamos y sentimos genera un resultado sentido por el espíritu, por eso el "orar y velar" del Gran Maestro debe ser observado, porque – en este caso –, "orar" se convierte en estar en espíritu y "velar" en observar nuestras acciones, pensamientos y sentimientos. La evolución de todos nosotros es inevitable, pero la calidad de esta evolución depende de cada uno. Y cuanto mejor es la calidad, más rápido evoluciona y más rápido podemos estar en un estado capaz de absorber más conocimiento, y creaciones más portentosas se vuelven posibles.

Nosotros, los rescatistas, no pudimos sacar al padre de María Julia del estado mental umbralino. Tomó la decisión de permanecer junto a la ropa que llevaba en la Tierra; es decir, junto a su cuerpo físico en deterioro. Por mucho que su cuerpo se deteriore, él lo veía tal como era, porque ésta era su ilusión, la ilusión de las apariencias.

Han pasado más de veinte años terrenales desde que falleció el padre de María Julia y permanece en el cementerio y ella continúa observando a su padre, enviándole energías equilibrantes. No la ve, porque los espíritus que eligen la negatividad tienen dificultad en ver a los que eligen el lado luminoso de la vida. Un día definitivamente se cansará de esta ilusión y pedirá ayuda. Y estaremos ahí para ayudarle a retomar el camino de la evolución positiva, para que pueda llegar al bien común y conocer la verdadera felicidad. Aceptar la voluntad de Dios, el modo en que se desarrolla la vida, depende del estado de lucidez de cada uno, y aceptarla es una cuestión de inteligencia combinada con sensibilidad. Si no aceptamos la muerte de un familiar, o de un amigo, o la nuestra, la tendencia es que aumentemos nuestro sufrimiento, quedando desespiritualizados; es decir, sin vida.

Tanto para los encarnados como para los desencarnados, el sufrimiento no cesa hasta que aceptamos los planes de Dios para nuestras vidas.

¿En qué consisten estos planes divinos? En el que tenemos contacto con nuestro espíritu, en el que meditamos sobre nuestra existencia, en el que aliviamos el peso de las vanidades, del orgullo, de la soberbia.

Y cuando hacemos esto, medimos mejor nuestras palabras y nuestras actitudes. Esta es una consecuencia externa de los dones internos. Y los dones interno están relacionados con la evolución personal y las maravillas que están reservadas para quienes tienen el coraje de escuchar su propio corazón y su alma. Empecemos por aceptar que somos nosotros quienes creamos todo lo que vivimos en la Tierra y detrás de esa elección siempre hay un significado, una razón mucho mayor de lo que el cerebro de los encarnados puede entender, pues es un misterio muy misterioso y más profundo que, porque los encarnados solo aceptan lo que se puede medir a través de máquinas, no podemos aceptarlo basándonos en parámetros terrenales.

Después de la aceptación, consultemos nuestro corazón, convirtiéndolo en nuestra guía, no en otras personas, en las reglas sociales. Por supuesto, algunos dirán que si seguimos nuestro corazón, comenzaremos a ignorar las leyes que nos ayudan a organizarnos adecuadamente en la Tierra. Pero las leyes terrenales se elaboran basándose en códigos de conducta muy antiguos y guiados por principios espirituales. Por lo tanto, no hay nada que temer en seguir nuestro corazón, que no hará nada malo para que la Tierra se convierta en un caos. Cada día nos da una buena dosis de sabiduría para mantener la paz terrenal sin necesidad de caer en la locura que significaría despreciar nuestro corazón.

Cuando hemos aceptado nuestra vida terrena como una elección del espíritu y cuando nos comprometemos a seguir nuestro corazón, nos basta meditar sobre nuestra vida y nuestras acciones. Esta es una de las llaves de oro para no incurrir en el sufrimiento que solo nos aleja de la evolución positiva que todos decimos querer.

Una amiga me contó la historia de una señora que al encarnar tuvo cinco hijos y muchos nietos en su última encarnación. En los últimos días de su encarnación nadie se hizo cargo de ella, ni hijos ni nietos. La internaron en una residencia de ancianos donde sufrió mucho, porque los ancianos que vivían allí no estaban bien alimentados. Además, padecía una enfermedad que la obligaba a guardar cama todos los días. Y con eso, su cuerpo comenzó a llenarse de enormes heridas, de las cuales goteaba un líquido purulento que hacía que la sábana se pegara a su cuerpo. En esta residencia de ancianos, la ropa de cama solo se cambiaba una vez por semana.

Y aunque toda su vida en la Tierra no había sido fácil, pues estuvo marcada por sacrificios y desinterés hacia sus hijos y nietos, esta realidad malsana fue creada por ella, porque en una encarnación anterior había sido una persona que no valoraba la vida ni a quienes la amaban. Habiendo sido dueña de una plantación, usó toda crueldad hacia los que eran esclavos y sometió a todos los de su familia con brazo firme y mucha insensibilidad. En la Tierra, quienes fueron sus hijos y nietos habían sido sus esclavos en esta encarnación anterior mencionada. Aunque – en esta encarnación actual –, trató bien a sus hijos y nietos, ellos no la aceptaron amorosamente con el amor filial que se espera. Llevaban, sin saber por qué, mucho rencor y herían a esta madre, al no poder – en espíritu – perdonarla.

Ya dicen que los rescates hay que hacerlos a través del amor. Y eso es lo que hizo esta señora.

Por parte de los hijos y nietos; sin embargo, el dolor fue el camino elegido.

Y poco o nada puede redimirse mediante el dolor. El dolor, el sufrimiento, los sentimientos brutos e innecesarios, no rescatan nada, no aportan nada positivo. Muy al contrario, porque en casos como éste lo que sucede es que se contraen deudas mayores, pues es muy claro que el espíritu aun no ha aprendido a confiar en los planes divinos y prefiere, por sí solo, trabajar sobre una justicia inexistente, negarle al otro la oportunidad de redimirse.

En el plano no físico, acuerdan desempeñar un papel en el plano físico que les facilitará el aprendizaje juntos. Cuando están en el plano físico; sin embargo, se dejan llevar por todos, menos por su propio corazón, y, por así decirlo, arruinan toda una vida que podría haber sido de oportunidades, de rescates, de aprendizajes indescriptibles, por la ilusión del sufrimiento que les causará, que este espíritu arrastre su propia infelicidad por innumerables vidas más.

Se podría decir que sería mucho más fácil para los espíritus conservar para sí mismos su memoria inmortal, cuando encarnan, para poder recordar y no caer en la condenación. Pero Dios es sabio y pule la piedra para transformarla en diamante, jugando con una verdad mucho más cohesiva de lo que podemos imaginar. Es más, toda esta información está a nuestro alcance. Pero para quien hace el bien en sí mismo, dejándose guiar primero por el propio corazón. Nada se nos oculta. No nos quitan nada. No nos usurpan nada. Todas las posibilidades están garantizadas para aquellos que viven dentro de la verdad de su propio ser, porque ahí es donde residen los mayores misterios de la vida, no afuera, no en lo externo, no en los demás.

Los hijos y nietos, en el caso de la señora cuya historia me contó mi amigo, podrían incluso tener razón, analizando desde un punto de vista terrenal que, lamentablemente, todavía está muy impulsado por el ojo por ojo y el diente por diente. Sin embargo, la razón termina cuando comienza el amor, pues es éste el que impregna el sentido de la vida eterna como su mayor valor. Y si hay algo que todos estamos aprendiendo es a amar. Aunque muchos dicen que saben amar, no están hablando del amor verdadero.

El verdadero amor es equilibrado, armonioso e implica una visión más amplia donde todos son bienvenidos y aceptados tal como son. Y aunque esto pueda parecer confuso, no lo es. Cuando nos aceptamos tal como somos, cambiamos queriendo lo mejor para los demás y actuamos con coherencia, de acuerdo con los valores más puros y verdaderos.

Cuando priorizamos el perdón y avanzamos, obedeciendo los dictados de nuestro corazón, cada uno cosecha el aprendizaje necesario para su propia evolución.

Esto es lo que aprendimos de nuestros asesores. Y los verdaderos guías, que trabajan bajo ordenanzas divinas, nos dirigen a nuestro corazón. Ellos no son nuestra salvación, ni sus enseñanzas, pero nosotros mismos somos nuestra salvación, pues Dios ya nos ha dado lo más importante para seguir Su camino: todo lo que necesitamos saber ya está en nuestro corazón.

Incluso ante la indiferencia, el odio, la ira, el dolor, hacia un familiar o un amigo, tenemos que consultar nuestro corazón y tratar de comprender lo que nos mueve en estas relaciones. Y, de ahí en adelante, no buscar aumentar el sufrimiento de aquellos que decimos que no podemos soportar. Y esto, lógicamente, no significa que dejemos de seguir nuestro camino por culpa de los demás. Esto significa simplemente no empeorar la vida de otra persona, porque al hacerlo nos interponemos en el camino de la otra persona, pero aun más en la nuestra.

La magia de la felicidad consiste en amar y perdonar sin cuestionar, aceptar todo y a todos basándose en el bien.

Esta es la punta del iceberg del Gran Dios.

Esta señora, de quien me habló mi amiga, falleció en medio del sufrimiento, pero con el alma pura, limpia, consciente de haber hecho su parte. Y, después de ser acogida en una de las Colonias espirituales, sigue trabajando a favor de los que quedaron para, en la próxima encarnación, volver a encarnar con ellos y tratar de rescatar lo que quedó atrás.

Notas

La noche es hermosa aquí en el Más Allá, muchas estrellas enormes, brillantes, de color dorado y plateado, la Luna llena es de gran belleza y transmite mucha paz. La paz que transmite la Luna es sencillamente fantástica y ahora me he dado cuenta de por qué las personas encarnadas son diferentes si podemos decirlo, cuando es noche de Luna llena.

En la Tierra, cuando ves a una persona agitarse en determinados momentos, inmediatamente te preguntas en qué luna se encuentra. Ahora sé que durante la Luna llena los espíritus están desesperados por regresar al mundo espiritual, porque estas noches aquí son inolvidables, dada su belleza.

Me encanta "volitar", que es la forma en que nosotros, los espíritus, volamos por el espacio. Si no, utilizamos un vehículo similar a un autobús. Tanto la volición como el vehículo son formas de transportarnos. Hay espíritus mucho más avanzados que nosotros en esta Colonia. Y básicamente necesitan pensar en estar en un lugar determinado y ahí están.

Por mi parte, deambulo por espacios espirituales siempre que puedo. Siento que estoy en mi patineta porque es una de mis cosas favoritas para hacer en mi tiempo libre.

La mayoría de los jóvenes aquí vamos a encarnar nuevamente, solo estamos esperando la llegada de nuestros familiares más cercanos, ya que todos estamos, encarnados y desencarnados, como grupos que aprenden juntos. No tenemos prisa.

Aunque a nosotros, a mí y a los demás espíritus, nos gusta más estar aquí que estar en la Tierra, queremos recibir la gracia de la reencarnación de Dios, ya que aquí es donde el espíritu puede evolucionar más rápidamente. Hay ciertos sucesos, junto con los resultados, que hacen que el espíritu tenga el aprendizaje que, estando solo en el plano espiritual, no podría lograr para trabajar en su propia expansión espiritual, ya que las experiencias, percepciones y comprensiones son diferentes si solo permanecemos en un solo plano. Y, para nosotros, lo que importa es solo la evolución del espíritu, es a través de ella que podemos estar más cerca de Dios. Por eso cada encarnación está muy bien planificada y, cuando salimos de aquí, tenemos toda la protección que necesitamos para mantenernos en el camino correcto. Y esta protección se traduce en hermanos que nos acompañan en las distintas fases de nuestra encarnación en la Tierra y en los recursos que tenemos a nuestra disposición, como los libros, por ejemplo, que son mensajes de lo no físico a lo físico que, si se siguen con criterio,, pueden servirnos como maestros si utilizamos nuestro corazón como guía principal de nuestro viaje físico. El progreso material, tan deseado por el espíritu encarnado, es bienvenido y apoyado. Sin embargo, incluso el progreso material debe servir a la evolución espiritual, ya que el quid de la cuestión es la verdadera evolución. Y la verdadera evolución es la del espíritu.

Al evolucionar el espíritu, aun en la Tierra, hay una contribución real al mejoramiento de la vida material misma, ya que la visión personal se vuelve más clara y las decisiones tomadas son de mejor conclusión para todos, individual y colectivamente.

Todo esto lo escribo con las experiencias que traigo de vidas pasadas y guiado por mis superiores. Incluso podrían pensar "¿cómo puede un chico de veinte años, al que le queda tan poco tiempo encarnado, saber estas cosas?"

Y digo: en la Tierra me desencarné a los veinte años, pero mi verdadero yo, yo mismo, como espíritu, tengo muchos, muchos años. Desencarnados, recuperamos la edad y madurez del espíritu.

Y les aseguro que no sé nada, aun queda mucho por aprender, asimilar, comprender, practicar.

El plan de Dios para cada espíritu es maravilloso. En las distintas encarnaciones, cada espíritu está trabajando en algo particular. Algunos encarnan con el objetivo de desprenderse de la materia; otros, para aprender a amarse a uno mismo y a los demás; otros, aprender a cuidar mejor el área financiera, para valorar la prosperidad que es derecho de todo espíritu; y así sucesivamente, las experiencias son infinitas, ya que cada experiencia contiene en sí misma un enorme abanico de oportunidades. Y tenemos que recordar que nada se repite en la creación divina, todo es siempre nuevo y tiene un toque de originalidad. Originalidad divina, ya que Dios es un Ser sumamente ingenioso y sorprendente en todo lo que emana.

El tiempo que permaneceremos en la Tierra está predeterminado por Dios, y es tiempo suficiente para transmutarnos, como si fuéramos frutos que maduran con el tiempo.

La vida no tiene prisa, las lecciones siempre se repiten, aunque cada lección es siempre nueva, ya que nada está duplicado, exactamente igual, porque incluso nosotros, al pasar por una lección aparentemente repetida, somos seres diferentes. Y lo que no aprendemos en una vida siempre se puede aprender en otra, y en otra, y en otra, y así sucesivamente. La eternidad es esta progresión sin apresurarse a perfeccionarse. El objetivo de la vida es este, evolución, maduración, mejora.

Y así pasaron tres años sin que yo viera su cara...

¿Letra de la música? Parece que sí, pero no lo es. Estas son palabras de una hija a su madre.

Renata desencarnó y, después de tres años terrenales, también desencarnó su madre.

La madre de Renata nunca aceptó la muerte de su hija. Ella reaccionó desesperada, enojada y desanimada. Y, lo peor, transmitiendo toda esta vibración energética negativa aquí, a nosotros. Y esto, para los recién desencarnados, es lo que podríamos llamar horrible, ya que no aporta nada a nuestra situación en el Más Allá, ya que no podemos contar con una ayuda equilibrada de los familiares que se quedaron en la Tierra.

Para nosotros la separación física también es difícil. Pero cuando recibimos toda esta vibración de anhelo desequilibrado, se vuelve más difícil. Y se redobla el trabajo de nuestros superiores, tanto para los que llegamos aquí como para los que nos quedamos en la Tierra.

Cuando doña Eulália, la madre de Renata, estaba a punto de desencarnar, los rescatistas y la propia Renata fueron a ayudarla en el proceso final de transición. Y después de un arduo trabajo de dinamización y cuidado espiritual, su madre logró descubrir la llamada otra cara de la vida. Y cuando llegó aquí, después de recuperarse en nuestro hospital, se sintió tonta y hasta avergonzada al recordar cómo se había comportado en el momento de la muerte de Renata.

Doña Eulália se dio cuenta que la gente realmente necesita ver la llamada muerte física solo como una separación temporal de los cuerpos, ya que todos estamos siempre juntos, aunque en diferentes rangos evolutivos de trabajo personal.

– Si ese es el caso, ¿por qué le damos tanta importancia a la muerte? – Pregunta doña Eulália.

Renata responde:

– Porque no cuidamos el espíritu como deberíamos, madre.

– Si supiera que realmente estás bien, y que con mi desesperación solo te estoy molestando, pequeña...

– Mami, ahora todo se acabó. No te preocupes por eso.

– Hija, es solo cuestión de tiempo, por lo que veo. Bueno, todos desencarnamos en un momento u otro. Pero, es que te extrañé tanto que el dolor... un dolor, ahora me doy cuenta, que no era mío, un dolor que era parte de mi manera de ver la vida, un dolor que otras personas me quitaron, enseñando de tanto que vi... y aprendí. Si me hubiera observado más a mí misma, a mi corazón, la mitad del sufrimiento por tu muerte no habría sucedido...

Renata permanece en silencio mientras su madre habla, pues sabe que este proceso de reflexión ocurre de diferentes maneras, para diferentes espíritus. Y es a partir de estos procesos de reflexión que se produce la madurez en la que el espíritu va trabajando sobre sí mismo.

Doña Eulália continúa:

– Hija, ay, hija mía. Y hay muchas otras madres que actúan exactamente como yo. ¿Cómo advertirles? ¿Cómo mostrarles que el sufrimiento y este anhelo exagerado no son buenos para nadie, ni para los que se van ni para los que se quedan?

– Mami, no te preocupes por eso ahora.

– Pero hija, quiero que todos sepan que la separación es temporal y el reencuentro es seguro, inmediato, cuando los que quedaron en la Tierra acepten la desencarnación de los que vinieron primero; entonces, el que se quedó, cuando muera, se encontrará con el que llegó primero.

- Mami, el tiempo que tardamos en encontrarnos con nuestros familiares y amigos cuando desencarnamos es prácticamente el mismo tiempo que tardamos en aceptar nuestra desencarnación, ya que el tiempo y el sufrimiento son percepciones individuales. Y trabajar hacia la madurez personal influye en esta percepción.

- Entonces hija mía, quiero que otras personas sepan esto.

Renata mira a su madre con cariño, fijamente.

Doña Eulália suelta una risa libre y hermosa. Mientras ríe, mirando el rostro de su amada hija, piensa en cuánto sufrió en vano, por estar en la ilusión, en el sufrimiento que no hay vida fuera de la vida física. Y ahora entiende que la vida real es vida bajo la voluntad de Dios, porque cada camino es un viaje personal, y todo lo que nos pasa es muy personal, es muy real, ya que tiene que ver con lo que tenemos que ver con aprender, con lo que tenemos para madurar. Entonces doña Eulália balbucea:

- Hija, tenía mucho miedo incluso de hablar de la muerte física.

- Mamá, el miedo a hablar de muerte física es normal. Cuando encarnamos entramos en una filosofía de vida materialista tan arrogante que prácticamente nos hace negar todo lo que tenga que ver con lo que no entendemos desde el punto de vista físico. Y esto dificulta enormemente nuestro desempeño en la Tierra. Necesitamos mantenernos alerta para regresar a nuestro objetivo, que se propone en cada encarnación.

- Pero hija, lo más común es que los encarnados piensen que son eternos en la Tierra, que todo es para siempre. Aquí viene la decepción. Como si la vida nos rompiera las piernas. Y nos perdimos. Y olvidamos que todo pasa, que todo se transforma, que lo que dura para siempre es el espíritu. Y le prestamos tan poca atención. La muerte física llega como si fuera un cuchillo, pues nos corta la ilusión que la eternidad en lo físico es la única realidad que existe; y el sueño de la eternidad en la Tierra surge de la soberbia y la soberbia humana, porque creemos que lo sabemos todo, que tenemos todas las respuestas. Oh hija, cómo me arrepiento de algunas posiciones que tomé cuando estaba encarnada. Pienso en cuánto más podría haber aprovechado la oportunidad de estar en la Tierra para realmente marcar la diferencia, siendo más fiel a mí misma y a mis verdaderos sentimientos.

- Mami, no ocupes así tus pensamientos ahora, descansa, tenemos mucho de qué hablar, hay mucho que aun vas a aprender, hay mucho que hacer en base a este aprendizaje.

- Pero hija, me gustaría mucho poder transmitir este conocimiento a los que están en la Tierra, a las madres como yo, a los padres. Si pudiera hacer algo.

Renata da una sonrisa feliz y dice:

- Mamá, en realidad ya estamos trabajando en ello.

Doña Eulália parece un poco sorprendida, un poco confundida.

- ¿Qué quieres decir, pequeña?

- Mamá, en cuanto estés completamente recuperada te presentaré a Miguel.

- Pero ¿quién es Miguel?

- Tu lo descubrirás. Y te va a gustar mucho lo que él y su madre están haciendo.

✳ ✳ ✳

- Entonces, Miguel, "y así pasaron tres años sin que yo le viera la cara."

- ¿Y le hablaste del libro, Renata?

- No, todavía no, pero le alegrará saber que estás escribiendo el libro, ya que tiene ese deseo de ser mensajera de esperanza y paz. Y tal vez pueda aportar un poco al libro que ya dices que es "el libro de todos nosotros" aquí en Colonia.

- Pero realmente lo es, Renata. Y doña Eulália acaba de ganar también un papel.

- ¿Qué quieres decir, Miguel?

– Bueno, ¿a qué te refieres...? ¿Necesito simplemente hablar con doña Helena Lapenda?

– ¿Tu madre, Miguel?

– Sí. Si mi amada madre entiende todo lo sucedido, podré seguir transmitiéndole estos mensajes y habremos abierto otra oportunidad de evolución estando aun en la Tierra.

– ¡Vaya, Miguel! ¡Sería sensacional!

– No lo dudas, ¿verdad Renata?

– No dudo de nada, hermanito, ya no dudo de nada.

Siempre vale la pena

En el mundo espiritual las noches son hermosas, los días son maravillosos. Nuestra percepción de la vida es perfecta. Y me doy cuenta que todo esto es posible también en el plano físico. Realmente necesitamos escuchar más a nuestro corazón, encontrando ese sentimiento de identidad con la vida misma.

Y ya saben, muchachos, la vida es fabulosa, no necesitamos preocuparnos por los desafíos terrenales, porque todos tienen soluciones. Como dicen en la Tierra, no hay solución solo para la muerte. Y, como ven, la muerte no existe. Por tanto, también hay una solución para ella. Todo tiene una solución.

Y para quienes insisten en la visión limitada de la existencia de la muerte, si hay muerte, la muerte es física, del vehículo físico, y basta con enterrar o incinerar. Y la solución está dada.

Repetimos viejos dichos sin siquiera pensar en lo que podrían significar. Hacemos muchas cosas porque otros las hacen, sin siquiera cuestionarnos. Tampoco ponemos en práctica los dichos, porque si los pusiéramos en práctica alcanzaríamos verdades profundas, que nos harían cambiar nuestro comportamiento.

Si practicamos lo que decimos, lo que afirmamos, la vida cambia – ante nuestros ojos –, en un mar de felicidad. Tanto en la Tierra como aquí.

No creas que algo termina. Todo es eterno, todo es infinito. Cuando pensamos que el trabajo está terminado, entonces comienza. Pues nuestra misión continúa ahí, por la mejora de quienes somos, espíritus perfectos en continua expansión. En este ir y venir, Tierra versus plano espiritual y viceversa, nos encontramos un poco más evolucionados, hasta que ya no hay necesidad de este tipo de ir y venir. Entonces, el ir y venir toma otras formas, otras experiencias, que por el momento no podemos mencionar.

Hay días que, cuando estamos encarnados en la Tierra, pensamos: "¿vale la pena vivir la vida?"

Es cuando todo parece escaparse de nuestro control, es cuando las dificultades parecen aumentar, es cuando las barreras parecen levantarse ante nosotros como muros insuperables. Y pensamos que no somos nada y que, esta vez, el bicho se ha puesto malo.

Pero vivir es una gracia, un don del que no podemos escapar. Lo único que está bajo nuestro control es brindar calidad a esta vida.

En estos momentos, por tanto, debemos mantener la calma y, sobre todo, controlar nuestra mente, hacer el papel de un estricto guardián, como si fuéramos un policía de nuestra mente, vigilando y orando, ¿recuerdan?

Es importante que no dejemos que nada inesperado entre en nuestra mente. Es importante que solo invitemos a pensamientos positivos de prosperidad.

Los malos pensamientos deben ser "excluidos del baile", porque quienes no tengan invitación no podrán ingresar a esta gran ceremonia de celebración de la vida.

Cuando mantenemos un estricto control de calidad en el control de nuestra mente, la vida cambia automáticamente, de un día para otro, y Dios sigue haciendo milagros, porque eso es todo lo que Dios sabe hacer, un milagro tras otro. Que sepamos confiar más en nosotros mismos, porque si Dios necesitara algo para realizar Sus milagros, solo necesitaría esto. Desde nuestra confianza en nosotros mismos nos permitimos. Y nuestro permiso es el pase de entrada de Dios a nuestras vidas.

La vida en el Más Allá es similar a la vida en la Tierra. Con una ventaja: el mal no afecta a quienes eligen el bien.

En la Tierra, el mal que nos afecta es mal elegido por nosotros mismos. Entonces, en la Tierra, es como si estuviéramos en un gran teatro, representando nuestros roles. Pero olvidamos que somos actores.

Entonces, recordemos que todo en la Tierra es una gran representación, apuntando a un bien mucho mayor, tanto mayor que muchas veces sucede.

Pasamos días y días pensando en cómo podemos ser tan ingenuos como para no recordar que elegimos todo esto.

Y si permanecemos en nuestro espíritu, el mal no nos alcanza, sirviendo solo para transmutarnos, de modo que fácilmente nos elevemos por encima de él.

Aquí vivimos en Colonias, tenemos varios tipos de ellas. Se utilizan para diferentes estudios, pero el estudio principal es el del Amor. Es en una de estas Colonias donde estoy. Y en estas Colonias evolucionamos. Estudiar es estar evolucionando. Y en la Tierra, cuando estamos en nuestros barrios, en nuestras ciudades, también tenemos la oportunidad de estudiar, leer, hablar con personas que nos guían de regreso a nuestro corazón. Y aunque en la Tierra priorizamos las cuestiones de carácter intelectivo, siempre es bueno que reservemos un poco de nuestro tiempo para la mayor sabiduría, que es la del espíritu, que Dios nos enseña en la gran escuela llamada vida.

Hace un año terrenal que regresé al mundo de los espíritus y mi vida es cada día mejor, cada día más iluminada. Espero con mucho cariño la llegada de mi hermano y mi madre, espero que sigan haciendo los "deberes" que hicieron al partir de aquí a la Tierra. Y que puedan realizar todas las tareas que asumieron antes de reencarnar.

Que Dios los siga iluminando y protegiendo.

Quiero que todos los que lean este pequeño libro sepan que la vida es perfecta, tal como es. Y que, ya sea encarnado o desencarnado, deberías simplemente "dejarlo ir."

Cada momento siempre vale la pena, por sí mismo, por la importancia que seamos los sujetos principales, cocreadores de nuestra propia existencia, autores de la forma en que decidimos vivir todo lo que nos sucede. Y el amor nos está involucrando todo el tiempo, solo necesitamos decidir centrarnos en el amor, adquirir nuestros aprendizajes a través del amor.

Dios es solo amor.

Y los amo a todos.

LIBRO II

Presentación

María Helena Marques Lapenda

Del Libro I al II pasaron diez años. Durante diez años la vida siguió y Miguel siguió hablándome, dándome "noticias de casa." Esta "noticia de casa" pasó a ser el Libro II de *Habla Miguel*. Miguel suele hablar con tanto amor del plano espiritual que incluso le he preguntado si no sería mejor que ya estuviéramos todos allí. Y sonríe diciéndome que ya estamos allí, porque "allí" es un estado de ánimo, o de espíritu, como solemos decir en "aquí", que ahora no existe para Miguel.

– El Reino de Dios, madre, es ahora. Y es en este "ahora" donde estamos todos. Y así como muchas veces estamos en este paraíso aunque estemos en la Tierra, así también es el caso ahora.

Me tomó mucho tiempo entender a qué se refiere Miguel cuando menciona "ahora", ya que comencé a darme cuenta que ese "ahora" es el sentimiento de la vida en todo su magnánimo y divino fluir. Al dejar atrás nuestro pasado y futuro, permanecemos en el tiempo presente y es este yo presente el que experimenta las experiencias y llega ileso a la evolución conocida como el "fin", un fin que no existe, como lo es el yo presente, el eterno.

Sobreviviendo solo de la Fuente Divina y del apoyo de Sus palabras, palabras inspiradas por tantos que acceden a Su energía esencial y nos traen consuelos invaluables en momentos en que parecemos estar ante la llamada noche oscura del alma, es necesario, no solo hablar con Dios, sino vivir, practicar tu propia fe. De lo contrario, todo se desmoronará de una vez por todas.

En *El Evangelio según el Espiritismo* y en *El Libro de los Espíritus*, ambos de Allan Kardec, encontramos muchas explicaciones para la pérdida de seres queridos, y la pérdida de un hijo es la más difícil de superar. No porque para mi sea una pérdida, o la del grupo que inevitablemente termino representando cuando escribo, que es el grupo de madres que ven a sus hijos descarnar y tienen que aprender a vivir con este nuevo estado de realidad. En el Capítulo V-20, de *El Evangelio según el Espiritismo*, podemos leer:

"La felicidad no es de este mundo." El espíritu (François - Nicolas - Madaleine) dice bien que no hay felicidad completa en la Tierra, y que la Tierra es un lugar de expiación y de pruebas, que ciertamente hay otros mundos mucho más felices para habitar después que dejemos la Tierra.

Y aunque sabemos que en la Tierra tenemos muchas cosas dulces, creo que, cuando se dice que en la Tierra tenemos pruebas y expiaciones y que la felicidad no es de este mundo, es otra manera de decir que hay mayores felicidades más allá de lo que conocemos, que están en el mundo, plano no físico, que es hacia donde vamos cuando hacemos nuestra transición terrenal; y a medida que el viaje continúa, el tiempo presente es el que debe ser siempre perfecto, sin importar dónde estemos.

Me siento agradecida con la vida por tener la oportunidad de trabajar el mensaje de estos libros con Miguel, porque me doy cuenta que no solo la maternidad - en el sentido de dar a luz a un hijo -, es un milagro divino; la maternidad, en el sentido de devolver un niño a la luz espiritual, como ocurre cuando nuestros seres queridos pasan de este estado carnal al estado no carnal, es también un milagro divino. Por eso, mi gratitud es por saber que todos somos parte del milagro divino, incluidos en el acto de ir y venir, de nacer, de vivir y de morir.

Así como un niño puede ser la luz de nuestra vida cuando lo traemos al mundo, también sigue siendo la luz de nuestra vida cuando se va, como lo descubrimos, cuando nos abrimos solo a la vida, rechazando lo que la mayoría de la gente hace, piensa en nosotros, muerte, que nadie se va si hay amor que conecta a las personas. Independientemente de la condición física o carnal, el amor es la verdadera energía que nos da vitalidad y esta vitalidad es nuestra por derecho, pertenece a cada hijo de Dios. Cuando rechazamos la muerte como fin, se nos abren caminos, caminos de vida. Esa es la única manera en que se hace la vida. Abriéndonos a ella. Mi viaje evolutivo continúa lleno de valiosos aprendizajes y experiencias personales. Por eso lo decidí así. El viaje de Miguel continúa, al igual que el de cada ser vivo en este complejo y, por tanto, sorprendente y maravilloso sistema existencial. A la forma en que calificamos nuestro viaje depende de nosotros. Y así como percibimos la perfección de la vida en su conjunto, también percibiremos la perfección de la vida incluso en el estado en el que llamamos muerte, que no es el fin, sino una continuidad, diferente y llena de nuevos descubrimientos. Cuando interpretamos la vida y la muerte desde el estado de vida, todo se vuelve vida. Por eso, quizás, escribir estas palabras, servir de canal al hijo que se fue y continuar el camino con el hijo que se quedó, se hizo posible. Y cada día me siento más capaz y honrada, porque me hice la elegida a partir de mi propia experiencia personal.

El sufrimiento no fue mi elección. Por eso, aunque todavía vivo con sentimientos como el de añorar y extrañar a mi amado hijo, me doy cuenta que no hay sufrimiento. Lo que existe es crecimiento, madurez, ganas de más. Así, cada día, desde la partida de Miguel, he vivido con la misma alegría la llegada de un bebé que tendría mucho que enseñarme en la vida y que seguiría enseñándome en lo que llamamos el Más Allá.

Espero que disfrutes de esta lectura y que pueda brindarte consuelo y la certeza que la muerte, tal como la pensamos, no existe. Lo que existe es vida eterna.

María Helena Lapenda

Truenos de vida y muerte

Espíritu de Eurícledes Formiga
Psicografía de Carlos A. Baccelli

No creas que la muerte
Es el final del viaje,
Porque, en los senderos de la vida,
Nadie llega al final del camino.

Morí; sin embargo, estoy vivo...
Aquí estoy para demostrar
Que soy yo mismo, Formiga,
Que sigo cantando...

Alabo a Dios por la inspiración
Que me calma y me hace fuerte...
De cantar tanto en la vida,
Volví cantando desde la muerte.

¿De qué soy yo el que escribe?,
¿Cómo puedo darles más pruebas?
¡El médium que aquí me atiende
Nunca compuso una canción...!

A falta de un buen "caballo"
De marcha como yo quería,
Espoleo a este "burro loco"
A escribir poesía.

En el Más Allá, la vida continúa
Sin grandes cambios...
En la muerte,
Lo que realmente muere

Son nuestras ilusiones...

¿Quieres saber cómo es?
¡¿La vida en la que estoy ahora?!
En este mundo, amigo mío,
La gente llora en la rampa...

La muerte no es fácil
Para quienes fueron blandos en la vida.
Quien cantó bajando la montaña,
Canta ahora en el camino hacia arriba...

Si no fuera por el Espiritismo
Para combatir la obsesión,
Muchas personas que conozco
Estarían en prisión.

¡No puedo contener las lágrimas,
Cuando recuerdo a Jesús,
Solo, con los brazos abiertos,
Venciendo la muerte en la cruz!

Un cuento

Cuenta la sabiduría budista que una señora muy desesperada, con un niño sin vida que llevaba en su regazo, fue a buscar al Buda en su humilde cabaña. La señora le dijo:

- ¡Oh, iluminado! Soy una mujer que no tiene muchas alegrías ni cosas buenas en la vida. Mi única riqueza es este hijo, que ahora llevo muerto en mis brazos. Acabo de perder la razón de vivir, la luz de mis ojos. Te traigo a mi hijo porque necesito que le devuelvas la vida, de lo contrario no tendré fuerzas para seguir viviendo.

El Buda mirándola atentamente dijo:

- Déjame a tu hijo; sin embargo, necesitaremos una ofrenda para revivirlo. Toma esta vasija y anda de casa en casa pidiendo a cada uno un poco de arroz como ofrenda. Vuelve cuando llenes el cuenco de arroz y entonces podré devolverle la vida a tu hijo.

Al anochecer, después de dos días, la mujer regresa a la cabaña del Buda con el recipiente lleno.

Las familias dieron pequeños puñados de arroz, ya que no tenían suficiente para ellos.

La mujer le dijo a Buda:

- Maestro, aquí está la vasija llena de arroz, todo entregado de buena gana, pero ahora, oh Buda, vengo a pedir algo más. Le pido que haga arreglos para la cremación del cuerpo de mi hijo. Viajé por pueblos, caminé por tantos lugares y encontré tanto sufrimiento en mi peregrinación que descubrí que no soy la única que sufre en este mundo, ni soy la única que perdió a un hijo amado. ¡Así que entendí todo, señor!

El Buda juntó sus manos en oración, inclinó la cabeza y agradeció a esa madre por ese momento de lucidez.

La segunda parte de este libro la dedico al amor
Y al amor que siento por Miguel, mi hijo Miguelito;
Y a todas las madres, y a todas las familias;
Y a todo lo que hay de humano en nosotros.
Porque, en realidad, nada sucede por casualidad.
Cada acontecimiento que nos ocurre
contribuye a nuestra expansión,
Como espíritus que somos.

Mensaje I

Durante unos días estuve indignada por tu forma de partir...

¿Cómo pudo haberle pasado esto justo contigo? Un chico que siempre estaba sonriendo, bromeando y muy tranquilo...

Llegué a la conclusión que eres demasiado perfecto para este mundo, que aquí lo que predomina es la violencia. He escuchado mil versiones sobre lo sucedido, pero es difícil creer en alguna, creo, finalmente, que "simplemente te llegó tu hora."

No lloro porque te has ido - creo que fue mejor para ti -, lloro porque te extraño, porque quiero llamarte y no oírte, porque quiero verte y no verte.

Pero te juro que a veces te siento cerca y solo cierro los ojos para ver tu sonrisa (ay, cómo te extraño).

Amigo hermano Miguelito, tú – sin duda –, serás recordado por siempre. Y seguro que todavía me sentaré en la arena del Caixadaço, allí en Trindade, nuestra Tierra Encantada, viendo, en medio de la lluvia, cubiertos por una toalla, a Miguelito, Rodrigo, Coxa y Guga coger las olas más grandes de nuestra Trindade...

Fue allí, hace cuatro años, donde nos conocimos y vivimos momentos inolvidables, desde entonces nos hemos vuelto amigos, hermanos, y no es ahora que nos separaremos.

Sin mencionar que siempre estarás en los corazones de la multitud en todo momento y en todas las noches.

¡Un beso grande, con mucha luz para ti!

Te quiero mucho
Mara Tara

Mensaje II

Gran Miguel,

Eres un amigo que nunca olvidaré...

Fuiste tú quien me acompañó en cada viaje, desde el más loco hasta el más aburrido. En los viajes no había nadie más mujeriego que tú.

En el *bodyboard* de olas, un gran compañero dejando caer - bajando - todas las olas, grandes o pequeñas, sin miedo a ser feliz.

Felicidad era tu nombre, haciendo felices a las personas todo el tiempo, con tu sonrisa y alegría contagiosa, que se apoderaba de todos los que te rodeaban.

Incluso parecía que sabías que te ibas antes que nosotros. Disfruté cada día como si fuera el último.

Eras un amigo con quien podíamos compartirlo todo, no había manera de ocultarte nada, hombre. Un amigo con el que siempre podíamos contar, además de reírnos de tonterías que solo hacían gracia a amigos como nosotros. La alegría que tenías en tu rostro, aquí en la Tierra, todavía te trae buenos recuerdos.

Ya no necesitamos llorar por lo sucedido ni culparnos, la vida es así y no podemos cambiar, pero podemos vivir los días presentes como si fueran los últimos, aprovechándolos al máximo.

Miguel, gracias por todos los viajes, gracias también por la experiencia de vida que dejaste a todos los que se quedaron.

Muchas gracias por ser un gran amigo. Todavía nos encontraremos.

Rodrigo Barañano

Página para madres

Espíritu: Eurícledes Formiga
Psicografía de Carlos A. Baccelli

Cuenta la leyenda que María,
La excelsa madre de Jesús,
Regresó al Calvario,
Después del Día de la Cruz...

Abandonada al polvo,
De tan ásperos caminos,
Aun todo ensangrentado,
Estaba la corona de espinas.

Ciertamente fue olvidada
Cuando bajaron de lo alto
El cuerpo del Hijo amado,
Conducido a la tumba...

Bajo el peso del inmenso dolor,
Ella se arrodilla en el suelo,
Custodiando la triste reliquia.
Contra tu corazón

Alza tu frente al firmamento,
Con lágrimas rodando de tus ojos
Cayendo, sin darse cuenta,
Sobre la corona de zarzas...

De repente, ¡oh maravilla!
Que la palabra no resume:
Las espinas resecas
Exhalan dulce perfume...

Una a una van floreciendo

En un prodigio de belleza,
Como si se obrara un milagro
El reino de la naturaleza...

¡Y en el corazón de María,
Balsamizando sus dolores,
La corona se transforma
En una diadema de flores...!

¡Madres de la Tierra, recordad
El gran ejemplo de fe,
Que fue y será siempre
María de Nazaret!

Ante los hijos que se fueron,
Finalmente les dije a las lágrimas...
Más allá de las sombras de la muerte,
Triunfa la vida inmortal...

Cambios

Aunque seguimos las fechas de la Tierra, el tiempo en el plano no físico es diferente al físico. En realidad, tendría que escribir más de diez libros para explicar esto. Solo sé cómo es y me faltan palabras y enseñanza para explicarlo. He aprendido mucho, pero el aprendizaje acaba saliendo del ámbito de las palabras para convertirse en información mental, cognitiva, como demuestran algunos aquí donde vivo.

De todos modos, al estar aquí por mucho tiempo, mi forma de aprender también es diferente a la de la Tierra.

Pero, por muy diferentes que sean las cosas, nuestra esencia es la misma. Acabo de pasar "al otro lado", y esa es una forma de decirlo, ya que el otro lado está aquí, pero yo soy yo. Y cuando digo que soy yo, no necesariamente quiero decir que soy un ser físico, con la personalidad que tenía cuando estaba en la Tierra. Y esto no es difícil de entender, ya que incluso en la Tierra cambiamos todos los días. Y los cambios son internos, tienen que ver con la estructura de lo que solemos llamar psique.

Me acabo de mudar a otra Colonia, donde las enseñanzas de Jesús son el principal foco de estudios. Pasé este primer año desencarnado – que es un poco diferente de la Tierra en cuanto a la cantidad de experiencias, de trabajo y de aprendizaje –, en la Colonia San Bernardo, y allí estudié en la universidad del amor, aprendiendo a amar. Y este aprendizaje es eterno, lo tomamos para toda la eternidad, siendo la práctica el mejor de los elementos para realmente poner en práctica lo que nos enseñaron. De aprender sobre el amor puedo decir que poco sabemos de lo que es el amor mientras estamos en la Tierra, lo que amamos cuando estamos en la Tierra es un pálido reflejo de lo que aprendimos en el plano espiritual, porque amar está relacionado con el respeto, equilibrio, claridad.

Tendemos a pensar que amar es sacrificarse por el otro, permitir el propio sufrimiento en nombre del amor que decimos sentir por alguien. Sin embargo, este tipo de amor es resultado de una confusión cultural en la que confundimos el amor con el sufrimiento y la necesidad de ser mártires. Por lo tanto, lo que representamos cuando decimos que amamos es orgullo humano, no amor real. Y es por eso que la vida nos presenta situaciones que nos hacen reconocer que el amor no es lo que decimos sentir. El amor es un sentimiento espontáneo, donde lo que damos a los demás lo hacemos porque somos felices. No exigir a los demás una posición que no les es natural.

Muchas veces, cuando estamos en la Tierra, nos entregamos a los demás, esperando que se comporten de determinada manera solo porque pensamos que, por haber dado amor, merecemos algún tipo de reconocimiento, respeto o consideración. Eso no es amor. Esto esclaviza para nosotros a aquel a quien le damos amor. Y el amor es libertad, equilibrio, serenidad.

Si todos somos espíritus, desempeñando el papel de padres, madres, cónyuges, etc. en la Tierra, es porque el otro no tiene ninguna obligación hacia nosotros. El amor solo ayuda a los espíritus a evolucionar, a crecer, a expandirse.

Entonces, incluso cuando exigimos al otro una postura que no puede corresponder, porque está siendo natural, espontáneo, no lo hacemos – en nombre del amor –, tonterías. Y obstaculizamos el crecimiento de los demás y el propio, pues aun queda mucho por aprender antes de poder decir que sabemos amar.

Muchas veces, cuando estamos en la Tierra, arruinamos nuestra vida y la de quienes se ven involucrados en situaciones relacionadas con lo que llamamos amor, por una simple cuestión de venganza, odio, rencor, orgullo. Pensamos que la gente tiene que amarnos haciendo cosas por nosotros, eligiéndonos más grandes en sus vidas, y olvidamos que cada uno es un alma libre, que nunca podrá encadenarse a nosotros mismos. Y que también somos almas libres. Entonces, no tenemos que pensar que la vida solo vale la pena si se comparte con alguien, si se vive en compañía de esa persona en concreto. Nuestro paso por el plano terrenal es para que podamos ver que nuestras experiencias

Las experiencias trascienden lo que decimos que aprendimos.

No tiene sentido decir que el amor duele, que el amor solo trae sufrimiento, porque eso no es cierto. El amor solo duele, el amor solo trae sufrimiento, porque aceptamos hacer el papel de dependientes, porque aceptamos la pequeñez, porque no nos damos cuenta de nuestra propia grandeza y de la libertad necesaria para que cada alma crezca y alabe a Dios. Éste, sí, merece nuestro cariño, nuestro celo. Y no podemos exigirle nada. ¿O le dirías a Dios "Dios, te amo tanto, por qué me hiciste esto, esto y esto?" o "Dios, tienes que serme fiel, solo privilegiarme, hacer todos mis deseos y tienes prohibido ser libre, debiendo preferir ser justo conmigo"?

No somos capaces de estas tonterías, porque sabemos que tenemos que aceptar la vida tal como es y que no sabemos nada, porque todavía estamos aprendiendo a amar a Dios en su medida perfecta. Entonces, ¿por qué no actuamos así con la gente, prefiriendo atarlos a nosotros y vivir el papel de retrasar su evolución con nuestros lloriqueos?

Incluso podemos decir que no hacemos esto con Dios porque Dios es mayor que nosotros. Pero ¿esta explicación encuentra apoyo en relación con el respeto que debemos tener por los demás? ¿No son los demás seres tan llenos de derechos como nosotros?

Cuando aprendemos los caminos del amor aquí en el plano espiritual, nuestros mentores nos ponen en situaciones en las que tenemos que intentar guiar a nuestros hermanos en el plano físico sin esperar nada a cambio, ni obligarlos a aceptar lo que creemos que es correcto, porque si pensamos que algo está bien, igualmente tenemos que respetar las elecciones de nuestros hermanos, ya que no existe lo que está mal o lo que está bien, sino elecciones que abren oportunidades de aprendizaje y experiencias personales para cada uno.

Incluso cuando los padres encarnados se enfrentan a la muerte de un hijo, ésta es una experiencia de aprendizaje, porque ante una situación que culturalmente, principalmente, se siente como desesperación, hay una oportunidad para el aprendizaje, para la madurez de los padres.

Entonces, amigos, sin desesperarnos, todo, exactamente todo lo que vivimos, sirve a nuestra madurez espiritual. No hay revueltas, no hay desesperanza, no hay ningún tipo de injusticia en el mundo, en la vida, en el universo. Todo es perfecto. Todo es perfecto. Todo lo que nos pasa es para hacernos mejores cada vez más. Y si algún dolor parece insoportable es solo porque no hemos encontrado una manera diferente de mirar, una perspectiva mejorada, una expansión, porque todavía estamos limitados y juzgamos las cosas que nos ocurren en base a esa limitación.

Es como cuando somos niños en el plano físico. Cuando queremos algo y ese algo no sale como queremos, tendemos a hacer berrinches, llorar y hacer bulla. Más tarde, como adultos, comprendimos que nuestro universo infantil era demasiado estrecho para que entendiéramos la grandeza detrás de las restricciones, las cosas que nuestros padres nos permitieron o no hacer.

Intentemos, entonces, pensar en esto cuando nos enfrentamos a situaciones que nos resultan dolorosas, pues siempre terminamos sabiendo el motivo por el cual la vida nos trae los acontecimientos que estamos viviendo. Al prolongarnos en estados de tristeza, desánimo, depresión, nos hacemos un gran daño a nosotros mismos y a quienes nos rodean, como la vida es perfecta y siempre nos lo mostrará, si lo permitimos, ejerciendo nuestra fe, nuestro amor, nuestra verdadera confianza en Dios – que había un propósito para lo que nos pasó. Y ahora, si nos quejamos, sepamos entender que actuamos así porque aun somos niños pequeños. Pero, por supuesto, solo porque sabemos que todavía somos niños pequeños no significa que vayamos a seguir quejándonos. Que este reconocimiento sirva para que podamos sostenernos, amarnos y seguir amando la vida sin quejas innecesarias. De esta manera seguiremos contribuyendo a nuestra salud física y también con la salud de la vida en su misteriosa perfección. Además de todo lo que puedo expresar con palabras para hablar un poco de la grandeza del amor equilibrado, desinteresado y empoderador, puedo decir que cuando nos amamos a nosotros mismos, en consecuencia amamos a quienes nos rodean. Y al amarnos a nosotros mismos damos a los demás el mismo trato que nos gustaría tener a nosotros si estuviéramos en su condición. Por lo tanto, cuando actuamos hacia los demás con el ego, en lugar de con el espíritu, que es el único que puede expresar el amor verdadero, no estamos ejerciendo el amor que deberíamos tener hacia nosotros mismos. El resultado de esto es que, cuando no nos amamos a nosotros mismos, no podemos amar a los demás. Podemos decir que amamos mucho a la otra persona. Pero si estuviéramos en su lugar y no aceptáramos el tipo de amor que estamos dándole, ese tipo de amor tampoco nos serviría. Por lo tanto, no se le debe dar. Lo único en lo que debemos estar de acuerdo es en lo que aceptaríamos si estuviéramos en el lugar de esa persona.

Y sé que muchas veces estamos tan dominados por nuestro ego que decimos que estamos haciendo lo mejor para el otro, y obligamos al otro a aceptar lo que le estamos obligando a aceptar, y todavía queremos que nos glorifique, sin dándonos cuenta que el hecho que no lo hayamos respetado ya es condición suficiente para que este tipo de amor sea fuente de maldición y no de bendición, que es lo que debe ser todo amor.

La verdad es que pensar en el amor nos hace transformar. Y todo lo que aprendemos no se puede descomponer en palabras. Pero se puede sentir y mantener si nos tomamos el tiempo para pensar en la igualdad y el respeto que disfrutamos por nosotros mismos y extendemos ese respeto a los demás. Y cuando hacemos eso, terminamos transformándonos, como si lleváramos ropa nueva. Y pensar en el amor es una de las formas más garantizadas de acelerar la evolución de cada persona.

Conocí a mucha gente buena durante el año que pasé aquí en el Más Allá. De hecho, donde estoy solo hay gente buena. Aprendí que todos somos perfectos exactamente en el camino en el que nos encontramos. Es una pena que pocas personas – especialmente en la Tierra –, reconozcan su propia perfección y prefiere llamarse pobre, pecador, imperfecto, quién sabe qué más. A partir de la condena que les imputan, les resulta más difícil alcanzar la perfección que desean. Y cuando se reconocen perfectos, solo obstaculizan la imperfección que aun tienen. Sí, somos seres perfectos y estamos en busca de expandir esta perfección. Para algunos esto es muy difícil de entender. Piensan que si son perfectos, todos tienen que inclinarse ante ellos. Otros piensan que, si son imperfectos, deberían condenarse a la maldición eterna, ya que no son dignos de perfección. Muchos incluso declaran que si fuéramos perfectos, no necesitaríamos emprender el viaje evolutivo que hacemos. Pero cuando dicen esto, reflexionan sobre sus propias concepciones distorsionadas y limitadas. En lugar de expandirse por el amor, por el mérito, por las oportunidades que Dios nos da cada día, prefieren quedarse atrapados en ideas limitadas que no entienden la perfección en busca de más perfección.

Y es por eso que terminamos aumentando el número de veces que tenemos que reencarnar, dejando el proceso de evolución mucho más lento de lo que podría ser, al negarnos a aprovechar la encarnación presente para expandirnos.

Muchas veces, mientras tomaba clases en la universidad del amor, me gustaba pensar en aprovechar al máximo nuestras encarnaciones. Seguí pensando... imagina si encarnamos y nos enfocamos en nuestro crecimiento, en nuestra evolución, sin interferir en la vida de los demás hermanos, respetando a las personas tal como son, manteniendo la certeza que todos nuestros proyectos se verán coronados por el éxito, por la dicha... ¿y si pasáramos más tiempo solos, pensando en la perfección de la vida, pensando en disfrutar los placeres de viajar a la Tierra, buscando cooperar con quienes nos rodean, tratando de hacer la vida de los demás más feliz como la nube que pasa sobre las cabezas de los encarnados sin darles un peso insoportable que llevar... y que cuando surgen los momentos de presión, los momentos en los que nos sentimos tristes, molestos, porque algunas cosas no salen como esperábamos, recogemos nosotros con nuestro espíritu, buscando comprender, a través de la mente, el devenir de la vida, como observándolo, sin lanzarnos a sentimientos de revuelta, de odio, de maquinaciones, de venganza... y, de esta manera, nos desarrollaríamos en nuestra estudios, en la elección de nuestra profesión, planificando – con la certeza que algún día lo lograremos –, hacer lo que no podemos en este momento, porque una profesión es, ante todo, una actividad de la que tenemos beneficios económicos, pero, independientemente de beneficio económico, es una actividad a través de la cual expresamos nuestra alma, nuestro espíritu, nuestro poder creativo y creador... y tendríamos nuestras relaciones con otras personas, con novios y novias, con esposas y maridos, de manera respetuosa, dándonos la libertad unos a otros de ser quienes nacimos para ser... y cuando algo no salió como queríamos, simplemente continuamos nuestras vidas sin hacer escenas inútiles que solo nos declaran el nivel de inmadurez en que aun somos... y que cuando llegó el momento que el otro continuara su camino, ya sea por lo que se llama muerte o por lo que se llama partida o despedida, que supimos esperar en el silencio de nuestra alma por el desarrollo de vida... Debo admitir que aun ahora, cuando pienso en ello, me conmueve, porque sé que no es así, ya que cada persona todavía está en fase de aprendizaje y debo respetar eso, incluso tratando de guiarlos, como tantas veces lo he hecho en esta Colonia donde estuve un año entero.

Aprendí muchas cosas aquí, trabajando con personas que estaban en mi mismo nivel evolutivo, ayudando a encarnados que también me sirvieron como herramienta para el crecimiento personal, ya que estaban en el nivel evolutivo donde eran capaces de recibir mi ayuda, incluso si no lo aceptaron. Mi ayuda, en mi obra de fe y amor, siempre ha estado disponible. Como tantos otros. Si la ayuda no fue aceptada es porque no era el momento, porque la persona encarnada había decidido – aunque no conscientemente, que sigue siendo una decisión personal –, no aceptar ver más allá de la monotonía que sus problemas cotidianos podían hacerle alcanzar. Y se seguirá brindando toda la ayuda necesaria. Y todas las decisiones, incluso si no son las más apropiadas, seguirán siendo respetadas. De cualquier manera, todos evolucionarán, no hay manera que eso no suceda. La calidad de esta evolución puede variar de uno a otro, el tiempo que se pierde en una encarnación podría aprovecharse mejor. Pero no podemos ir más allá del libre albedrío de la persona, ya que cada uno tiene su libre albedrío, incluso si el plano en el que nos encontramos nos limita en relación con algunas elecciones que debemos poder tomar para poder decidir por nosotros mismos. A medida que nos volvemos más responsables y maduros, mejores decisiones podremos tomar por nosotros mismos.

Al salir de la Colonia San Bernardo, iré a otra Colonia, donde haré nuevos amigos, siguiendo el objetivo de la vida, que es acoger el cambio, porque en el cambio están las herramientas para la expansión del amor. El cambio significa que la vida interactúa con nosotros y es una oportunidad para que interactuemos con ella, a través de personas y eventos. Y la vida, siendo puro dinamismo, opera a través de cambios. Negar el cambio, no darle la oportunidad que suceda, preferir permanecer atrapado en la revuelta por la situación que cambió nuestro estado de vida personal a uno al que no estábamos acostumbrados, es no darle a la vida la oportunidad de suceder, es negar la perfección que Dios eligió diseñar la vida tal como es.

Así, doy la bienvenida al cambio en cada momento de mi vida, y no hay tristeza con mi partida, porque aquí elegimos el estado de alegría, el estado de aceptación que vendrán nuevas sorpresas, que nuevos aprendizajes solo pueden ocurrir a partir del cambio que se presenta a cada uno de nosotros. Mis amigos aquí tuvieron mucha celebración cuando supieron que me mudaba, me saludaron deseándome lo mejor, deseando que siguiera progresando por el camino de luz que elegí con el corazón abierto para mí y, en consecuencia, para todos los que me rodean, porque, cuando aceptamos la vida tal como es, también privilegiamos a todos los que nos rodean, ya sean encarnados o desencarnados. Cuando evoluciono, doy paso a otros para que evolucionen, para que ocupen mi lugar en la creación, para ayudar a otros a venir conmigo. No hay forma de querer que se produzca la evolución si prefiero quedarme atrapado en situaciones inmutables. Saberlo, estar de acuerdo con ello y, sobre todo, vivirlo, nos hace crecer, hace que tengamos en nosotros mismos una inmensa expansión de valores, ideas, responsabilidades que no tienen precio, que no pueden suceder sin esta actitud.

¿Duele dejar lo nuestro y seguir avanzando? ¿Duele ver que los nuestros se han ido, aunque sea momentáneamente, de nosotros y que ya no los tendremos como antes?

Sí. Pero cuando entendemos – con la mente y con el corazón –, que la vida no fluye sin este paso, sin este cambio de situación, sin este cambio de roles que desempeñamos en la vida de los demás y, los demás, en la nuestra, nada duele más que saber que si elegimos la inmutabilidad, toda la alegría de la vida quedará atrapada, fijada en un tiempo intemporal... perdido.

– ¡Vaya, Miguel, qué alegría saber de tus avances!

– ¡Oh, hombre, gracias!

– ¡Mi Miguel, ve con toda nuestra luz!

– Hermano mío, toda la paz para ti, ¡que continúes en este viaje iluminado!

Y todos juntos, unos diez amigos, gritaron:

¿Y para Miguel, nada? ¡Toda la luz!

¿Y para Miguel, nada? ¡Toda la Luz del universo!

¡Eso es evolucionar, siempre irse, siempre cambiando!

Siempre que era posible venía a visitarlos, porque aprendí mucho de ellos y nos convertimos en uno... Yo me convertí en ellos, ellos se convirtieron en mí.

Las chicas están organizando una fiesta sorpresa, lo cual no es gran sorpresa, porque – y esto me divierte – ya sé de la fiesta. Pero bromeo acerca de no saberlo.

Mientras tanto sigo valorando cada momento final en esta Colonia, recordando cómo fue llegar hasta aquí, el contacto que pude hacer con mi madre, el libro que se escribió, el hecho de poder compartir noticias desde casa. con quienes aun están cosechando sus aprendizajes en el plano físico, la alegría de saber que hay continuidad para nuestra consciencia, que somos esta perfección en busca de seguir mejorando, a partir del aprendizaje que he tenido.

Y, en lo íntimo, me mueve una alegría mayor. La alegría de saber que seguiré creciendo, interactuando, aprendiendo, enseñando, siendo útil en este engranaje que es el universo con todos sus misterios y privilegios.

En la vida solo hay bondad, belleza. Si no fuera así, el mundo ya se habría destruido a sí mismo. Y es a esta bondad, a esta belleza, a la que miro cada momento que me reconozco como hijo de Dios. Hay perfección, belleza y bondad en cada elemento de la naturaleza, en cada pájaro, en cada planta, en cada movimiento de la vida. Y me siento bendecido de pertenecer a este grupo de seres que se expanden cada día, cada noche, cada momento de este tiempo sin tiempo, el tiempo eterno en el que ocurre la vida.

En la Tierra experimenté todo lo que me fue posible en la medida de lo posible. Aquí vivo todo lo que puedo en la medida de lo posible.

Y seguiré así, experimentando plenamente todo lo que es posible hasta que sea posible. Cuando ya no sea posible, Dios me proporcionará lugares más grandes, porque sabrá que allí ya no soy necesario, que allí ya no encajo, que ya no hay suficiente para mí. Entonces me brindará más posibilidades.

Y seguiré expandiéndome desde nuevos lugares, nuevos conocimientos, nuevos desafíos. Los nuevos lugares traen nuevos desafíos que, a su vez, traen más oportunidades de expansión personal, ya que representan preguntas que deben responderse, experimentarse y acumularse como nuevos conocimientos. Esto representa la evolución. Y la evolución es el proceso de madurez energética. Y esta es la energía vital que necesitamos, como necesitamos el alimento, y que encontramos en cada movimiento que la vida nos presenta. Así somos nutridos, cuidados y sostenidos.

Y si damos la bienvenida al cambio con los brazos abiertos, con un corazón feliz, cosecharemos más logros, hasta que estemos preparados para nuevos campos, nuevos estados, nuevas perspectivas. A lo largo de esta expansión se nos van presentando más paraísos, más universos, más seres de luz. Y nos volvemos más capaces de absorber todos estos aspectos nuevos, de enfrentar cada nueva ola, de mezclarnos con las bendiciones, que son como gotas de agua en un gran océano, donde las mareas solo sirven para asegurarnos que podamos enfrentar desafíos más grandes.

Y esto continúa infinitamente. Nunca termina.

Esto se llama eternidad.

El día de la "fiesta sorpresa" ocurrió cuando entré por la entrada del edificio donde vivía. Las luces aumentaron de intensidad tan pronto como entré al espacio y comenzaron a parpadear, evocando una conocida festividad de momentos de celebración y alegría. Y el sonido de la música, como si de una serenata se tratara, ocupaba cada rincón, las voces de mis amigos llenaban la sala en una celebración de alegría, acompañada de murmullos, saludos y palabras que expresaban alegría y buenos augurios.

La fiesta continuó en el patio del edificio, un lugar con un maravilloso jardín, cuyas flores aun no existen en la Tierra, con animalitos parecidos a luciérnagas, cuyas colas se encienden y apagan, pero en una explosión de colores. Sí, luces de colores, azul, amarillo, rojo, verde. Y aunque no estamos tristes, no podemos contener las lágrimas ante tanta belleza y la sensación de paz que provoca todo el espectáculo que se desarrolla ante nuestros ojos en este espacio del plano no físico.

En estas fiestas solemos hablar de planes futuros, del trabajo que está en marcha, de las nuevas almas que han sido rescatadas a través de los servicios que mantenemos en las diferentes partes del Umbral a las que tenemos acceso. Asesoramos, nos asesoramos, pensamos nuevas estrategias y organizarnos en relación con nuevas formas de actitudes y enfoques.

Y casi al final de nuestro encuentro, recibí una tarjeta que me leyó un amigo, y que contenía un mensaje que elogiaba noblemente la fraternidad y la lealtad que nos une.

Luego de entregar y leer la tarjeta, uno de mis profesores, el Prof. Jefferson pidió hablar:

– Estamos felices, porque este joven, que ya no es tan joven, está recordando cada vez más rápidamente sus vidas pasadas, tomando conciencia de la verdad de su experiencia personal, madurando y mostrándose preparado para desafíos acordes a la altura que ahora alcanza, a través de sus propios esfuerzos. Incluso cuando está dispuesto a aprender, a recibir consejos para realizar el trabajo necesario de la manera que le dé los resultados más positivos, es a través de su propio esfuerzo y compromiso personal que lleva a cabo esta tarea.

Miguel, siento una satisfacción inigualable con tus avances, y esperamos sinceramente que sigas así, con tu sonrisa contagiosa, con tus bromas cariñosas que sirven para aliviar el peso de las situaciones que nos toca vivir en el trabajo que estamos dispuestos a soportar, hacer en beneficio de nuestros hermanos. Y que los caminos de Jesús sigan siendo tu vocación natural. Te amamos y te deseamos el "universo del amor."

El mensaje me llenó de una emoción tan positiva que aun ahora, cuando releo la tarjeta, cuando pienso en las palabras de mi profesor, me conmueve y pienso en todas las personas con las que he convivido a lo largo del tiempo que he estado aquí, y me fortalece para seguir, como siempre, abierto, valiente, decidido a compartir lo mejor de mí con cada persona en su camino de expansión espiritual. El reconocimiento del amor que me consideran me hace una persona feliz y me hace darme cuenta que "amar es deleitarse en el bien", por eso – cuanto más siento amor –, más quiero sentirlo, porque el amor es un placer que meras palabras que no pueden traducir.

Partidas y llegadas

Cuando llegó la mañana y llegó el momento de partir, pasé unos momentos en estado de meditación, absorbiendo la dulce paz y el sentimiento de plenitud que me rodeaba.

Mi pequeño equipaje contenía solo objetos personales, retratos de mi madre, mi hermano, mi abuela Toñita, mi tío Pedro y la tropa de amigos que dejé en la Tierra.

Sí, aquí tenemos fotos, hermosas obras plasmadas con la energía astral que llamamos fotos. Y sí, lo que hay en la Tierra es una copia de lo que tenemos en nuestro plano.

El transporte aéreo indicado para mi campo me esperaba y aunque ya sentía un anhelo anticipado de no tener más contacto regular con aquellos a los que ya me había acostumbrado en esta Colonia, mis emociones de alegría y suave expectativa por la nueva Colonia me abandonaron. Golpearon con fuerza y el pensamiento que permaneció conmigo, a medida que el transporte en el que me encontraba se alejaba de allí, fue el del deber cumplido, el de aprecio por lo que, a grandes rasgos, se convierte en pasado y, a grandes rasgos, el futuro que me esperaba.

La nueva Colonia, Colonia San Sebastián, me dio la impresión de ser un "paraíso." Y si ya tenía la impresión que el paraíso era la Colonia anterior, ante ésta me asombré aun más, porque, en cada nivel en el que me encuentro, más bellezas se hacen presentes.

Árboles de distintos tamaños, jardines con flores que parecen cedernos el paso, cambiando de color a medida que los atravesamos. Si no fuera por las maravillas que me dejan asombrado, podría decir que algunas partes de esta Colonia me recuerdan el lugar en la Tierra donde viví con mi madre y mi hermano.

Existe una gran profusión de aves, de todos los colores, formas y tamaños. Y cantan tanto que, a veces, tenemos la impresión que están cantando un himno de felicidad. Y se posan sobre nuestros hombros sin el menor miedo, jugando de un lado a otro, como si se divirtieran con el cariño que acabamos dándoles de antemano. Me recibió Ricardo, coordinador del curso que realizaré. De hecho, ya nos conocíamos, pues ya habíamos hablado varias veces usando un dispositivo similar a una computadora que tenemos en la Tierra.

Ricardo es uno de esos espíritus puros, con mucha luz, que ya no necesita reencarnaciones en la Tierra.

Nos abrazamos emocionados, como si nos reencontráramos después de una gran distancia el uno del otro. Lo cual sigue siendo cierto, ya que nos conocemos desde hace mucho tiempo, ya que hemos tenido algunas encarnaciones juntos.

Sin embargo, mientras hablábamos por lo que llamaré "Dispavoz" – que es un nombre que se me acaba de ocurrir, porque es un dispositivo parecido a una computadora, a través del cual podemos hablar tanto por escrito como por voz, como un comunicador virtual, pero con muchos otros recursos que aun no existen en la Tierra, pero que no puedo decírselo, ya que acabará siendo "creado" en la Tierra, ya que todo lo que tenemos en la Tierra fue pensado aquí primero. Y le pongo este nombre, "Dispavoz", en una mezcla de "dispositivo" más "voz" – Ricardo nunca me dijo nada sobre nuestras encarnaciones juntos.

Por eso, cuando lo vi aquí, en persona, como lo había visto anteriormente en la pantalla de "Dispavoz", sentí una afinidad que abrió mis sentidos de la memoria y recordé nuestras experiencias en otros períodos de mi viaje en la Tierra.

Y, tras recuperarme de la emoción de este reencuentro, le pregunté:

- ¿Cómo no iba a darme cuenta que eras tú la persona con la que estaba hablando? ¿Cómo fui "tonto" y por qué no me dijiste nada, Ricardo?

A lo que él respondió, todavía riéndose del *slang* que había usado:

- No fue apropiado. El despertar de la memoria se produce de forma paulatina y solo cuando es necesario, porque ¿qué importa si el pasado, en sí mismo, no existe y se puede acceder a él siempre que sea necesario?

Después que nos recuperamos de nuestras emociones, Ricardo me llevó a mi nuevo edificio, mi nueva residencia:

- Vamos, Miguel, a ver tu nueva residencia.

- No es una casa de muertos, como dicen en la Tierra, es casa de gente viva, muy viva, como yo.

Nos reímos de mi broma.

El edificio tiene seis plantas. Por lo tanto, no es tan alta como la Colonia San Bernardo, pero sí tan hermosa o incluso más. Está en el centro de un bosque, rodeado de muchos árboles y muchos pájaros. ¡Y cómo cantan estos pájaros! Cantan armoniosamente, formando una orquesta, con sonidos que se combinan, en perfecta sintonía.

El apartamento que me asignaron está en el sexto piso.

Mi habitación es muy parecida a la otra en la que vivía, tiene una cama grande que sé que casi nunca usaré, al lado de un armario y un estante donde pongo fotos de mis amigos. En el dormitorio hay un baño que también sé que usaré muy poco. También tengo un sillón para leer y un aparato como los que mencioné, el Dispavoz, ya que nos ayuda mucho en nuestros estudios, mediante el cual también podemos acompañar a nuestros familiares en la Tierra. Y hay una ventana enorme, con cortinas y flores en el alféizar. Las flores son lilas, rosadas y blancas. Y lo más importante, también en la sala, un retrato de Jesús, que me ayuda a recordar que todos estamos en nuestros sistemas de realidad, física o no física – aprendiendo y poner en práctica las enseñanzas del Gran Maestro, que resumo en una frase: *"Pon guardia a la puerta de tu mente y estarás poniendo en práctica mis enseñanzas."*

El antiguo ocupante de la habitación en la que estoy ahora se ha mudado a una Colonia más evolucionada que ésta. Y esto me llama la atención sobre el hecho que en la vida de todos hay cambios constantes y que, por cuestión de inteligencia, saberlo y contentarse con que nada dura para siempre, como comúnmente deseamos que sea, es una bendición, como nos abre a dar la bienvenida a los cambios y darnos cuenta que añaden más vitalidad a nuestra energía personal.

A menudo, cuando nos enfrentamos a un cambio, tendemos a resistirnos, pensando que cualquier cambio solo puede traer cosas malas. Pero eso se debe a que, en cierto modo, tenemos miedo al cambio, tenemos miedo a lo desconocido. Solo esto el miedo es resultado de la falta de fe con la que vivimos, porque cuando tenemos fe sabemos que todo lo que nos espera es para nuestro bien. Y luego nos abrimos más fácilmente a los cambios. Y como tenemos presente que todo es para nuestro bien, terminan sucediendo cosas que significan nuestro bien. Alguna vez. Y no se trata de ser "corderitos", aceptar todo lo que nos pasa. Es diferente a eso. Se trata de cambiar la forma en que vemos lo que nos sucede. Se trata de interactuar con los hechos, con los acontecimientos, con las personas, intentando sacar lo mejor de todo lo que nos sucede, adoptando actitudes y posturas que nos favorezcan. Dentro de la postura de ser "los corderitos" – que es una postura muy negativa, por cierto, ya que no proviene del corazón, sino de una actitud aprendida de la cultura de los que sufren –, hay una especie de no pensar, de autocomplacencia, de conveniencia personal lo cual se niega en nombre del falso moralismo.

Cuando hablo de aceptación es porque he aprendido que es posible aceptar dinámicamente, en lugar de aceptar pasivamente, que es lo que la mayoría de nosotros hacemos cuando estamos en la Tierra. Y si no es así, pronto llegaremos al extremo, que es la revuelta. Por lo tanto, justificamos nuestro sufrimiento, abrazándolo, incluso diciendo que no abogamos por el sufrimiento.

Cuando elegimos vivir nuestras vidas con alegría, esto tiene que suceder de una manera práctica y consciente. Es por esto que comenzamos a actuar de manera más equilibrada, tomando las mejores decisiones ante cualquier situación que se nos presente. Hay muchas personas que tienen dificultades para comprender la elección de la alegría. Incluso dicen que eligen la alegría, pero en el desarrollo de su rutina diaria acaban decantándose por la rigidez, la ira, el sentimiento de responsabilidad exagerada.

Bastaría que la persona se centrara en la flexibilidad y el amor de su propio espíritu, permaneciendo atenta a los sentimientos del espíritu para poder vivir en alegría y aumentar su propio bienestar.

Entonces, ¿qué necesitan hacer para comprometerse y experimentar verdaderamente la alegría? Simplemente conectarse con su propio espíritu. No tengan miedo de pensar que, al estar conectados con el espíritu, el mundo material con sus obligaciones quedará de lado y perjudicado. Entonces sí, armonizará y todas las obligaciones se volverán ligeras y podrán realizarse con la perfección adecuada.

Control de los pensamientos

Controlar nuestros pensamientos es – básicamente– todo lo que Jesús nos enseña, ya que controlando nuestros pensamientos practicamos todo lo que Él nos enseñó.

Algunas personas dicen que tienen dificultades para controlar sus propios pensamientos. Sin embargo, si empezamos a ser más creativos, entenderemos que solo necesitamos centrarnos en lo que es puro y eso nos da placer para poder utilizar nuestros pensamientos en cosas buenas, no en cosas malas. Y la misma dificultad de controlar un pensamiento es algo malo, porque la idea de tener que controlar el pensamiento genera esfuerzo, una sensación que no podremos hacerlo. Pero mientras sigamos alimentando esta idea, más difícil será tener el control. Y es fácil, es muy fácil. Solo necesitamos dedicarnos a lo que nos da placer, a lo que amamos. Y así, nos daremos cuenta que comenzamos a cuidar nuestros pensamientos, ya que al interesarnos por lo que amamos comenzamos a generar cada vez más pensamientos acordes a lo que deseamos.

Las religiones de la Tierra, debido a que están organizadas y dirigidas por humanos en estado de aprendizaje, tienen la costumbre de complicar las cosas. No son las religiones mismas las que hacen esto, sino los dogmas, las reglas, compuestas por seres humanos aun en estado de evolución. Los creadores de una religión no encuentran en el momento de la inspiración un cuerpo de reglas que los lleve a tener una reunión formada, pero sí sus seguidores y futuros líderes. Se topan con reglas sociales, reglas morales, tabúes e información sin sentido e innecesaria que solo llenan la cabeza de muchas personas con cosas completamente inútiles. Y estar en el camino de lo divino es sencillo. Así como lo divino es simple. Solo necesitamos pasar más tiempo con nosotros mismos, con nuestro espíritu, porque él es nuestro mayor guía. Y cuando hacemos esto, se intuye que debemos prestar cada vez más atención a lo que amamos. Y cuando estamos con lo que amamos, ya sean personas, animales o actividades, empezamos a generar buenos pensamientos. Por lo tanto, no existe una necesidad específica de controlar nada, ya que el control tiene como objetivo ponernos en un estado de buenos pensamientos. Y si tenemos buenos pensamientos, no tenemos que controlar los buenos pensamientos. Solo tenemos que seguir manteniéndolos. ¿Y cómo hacemos esto? Hacer más de lo que nos gusta, de lo que apreciamos. Y de esta manera nos llegan más cosas que nos gustan y apreciamos.

¿Alguna vez han intentado imaginar una vida vivida con placer? ¿Alguna vez han imaginado cómo sería despertarse por la mañana pensando en cosas buenas y, si nos pasa algo malo, relegar lo que no nos gusta al clima, al viento, a todo menos a mantener lo negativo lejos de nosotros?

¿Alguna vez han imaginado cómo es tener un día completamente centrado en lo que aman y lo que les da placer? ¿Alguna vez se imaginaron escuchando su música favorita, caminando por algún lugar que les dé placer en el lugar donde viven? ¿Alguna vez han imaginado poder realizar alguna actividad que les proporcione placer, incluso si necesitan, por necesidad económica, mantener un trabajo que, en principio, no les gusta tanto? ¿Alguna vez han imaginado cómo es posible mejorar sus días con varias cosas que hacer y todas ellas orientadas a su placer?

Dios nos dio la imaginación y, con ella, la creatividad. Por tanto, está dentro de nuestras posibilidades la inventiva que se puede utilizar para tener más control sobre nuestros pensamientos y, en consecuencia, una vida más placentera.

Y si piensan detenidamente en lo que aquí les sugiero mientras escribo estas palabras, también verán que todo en la vida es sencillo. Y que los mejores resultados vienen de las cosas sencillas, porque todas las cosas sencillas están a nuestro alcance.

He aprendido en mis estudios que el sufrimiento es innecesario y que apoyarnos en él, admitirlo en nuestras vidas, no nos hace mejores, no nos garantiza ningún lugar en el cielo, ni hace que el mundo, tanto el espiritual como el terrenal un mejor lugar.

Y tampoco digo que debamos rebelarnos.

Hay un equilibrio en todo esto. Y esta postura equilibrada es la que Dios desea para nosotros, sus criaturas e hijos. Y como no entendemos todo esto, nuestra evolución espiritual acaba siendo más prolongada y de menor calidad de la que podría haber tenido.

Y Dios no tiene nada que ver con eso, porque nos creó con la capacidad de ser más de lo que preferimos ser. Y si preferimos ser menos de lo que podemos ser, es porque utilizamos nuestro libre albedrío de una manera mucho más centrada en el egoísmo personal primitivo que en la apertura de espíritu.

Cuando decidimos escuchar más a nuestro espíritu – que es nuestro guía y guardián, con su luz e inteligencia siempre a nuestra disposición, siempre y cuando mantengamos los ojos de nuestro corazón enfocados en él –, ganamos más en sabiduría, en evolución, amor y prosperidad.

Y no nos resulta difícil hacerlo. Solo nos falta dar el primer paso, comprometiéndonos con nosotros mismos, con nuestra luz interior. Dios nos hizo perfectos y la eternidad de nuestro camino se puede disfrutar a través de los éxitos, para que nuestra vida adquiera una calidad mejorada, para que podamos experimentar todos los elementos contenidos en la realidad elegida, la realidad del espíritu. No necesitamos hacer como muchos que aprovechan la eternidad solo para hacer las cosas bien en la próxima vida. Decir que mejoraremos en la próxima vida no nos exime de responsabilidad, ya que siempre somos nosotros mismos y somos conscientes de ello – que tendremos que hacer el trabajo de nuestra evolución. Eso es lo que le pasa a todo el mundo. Sin excepción.

Si hay algo que mejorar, mejorémoslo ahora. Tenemos tiempo para eso. Que sepamos utilizarlo objetivamente, centrados en el espíritu y las posibilidades.

No es necesario dar los pasos hacia esto pensando en lo que podría salir mal, ya que hacerlo es demostrarnos a nosotros mismos que no creemos en nosotros mismos, ni en Dios y su maravilloso plan para nuestra evolución.

Quienes adquieren el hábito de posponer su propia mejora, delegándola a una vida futura, tendrán más dificultades en el camino, ya que este hábito tiende a empeorar, convirtiéndose en una adicción. Y una adicción que despierta cuando la persona está en la siguiente encarnación, lo que significa que, más pronto o más tarde, tiene que afrontar lo que tiene que aprender y, a menudo, ya no puede contar con el tiempo de eternidad que pensaba que tenía. No es que el tiempo vaya a terminar; después de todo, es eterno. Pero la calidad de ese tiempo cambia y la vida, que no se deja descuidar, porque incluso tiene un propósito, nos empuja a situaciones en las que prácticamente nos vemos obligados a tomar decisiones y responsabilizarnos de nosotros mismos. En el tiempo de ahora.

Familiarización

Al día siguiente de mi llegada fui a clase a la "universidad Jesucristo." El edificio es majestuoso, con miles de estudiantes, con salas muy diferentes a las que he visto jamás. Son salas muy amplias, equipadas con pantallas que muestran hechos reales, con acceso a períodos en el tiempo, que sirven para análisis y reflexiones.

Mi profesor me dijo que podemos transportarnos instantáneamente a los hechos y períodos que vemos en las pantallas, cuando sea necesario. Esto era nuevo para mí, y luego entendí que las visitas que podemos hacer a estos períodos y eventos siempre están basadas en la instrucción de quienes son visitados y de quienes visitan. Y todas las escenas y épocas a las que podemos transportarnos están de alguna manera relacionadas con nosotros.

En ese momento en que se daba la clase sobre el tema yo era todo oídos, por así decirlo. Pero hay algunas cosas que todavía no puedo compartir a través de este libro.

Si son como yo, cuando estaba en la Tierra, es posible que se enojen mucho porque solo puedo contar una parte de la historia, no toda. Tenía la costumbre de querer saberlo todo. Y hoy entiendo que no estamos preparados para saberlo todo, porque si ni siquiera lo que sabemos nos anima a cuidar nuestra propia vida y mantener la fe en la perfección de todo el sistema existencial, ¿qué pasaría si les contara todo? Experimento por aquí. Y si me permito contar solo una parte es porque me gustaría contarlo todo yo mismo, porque todo me deja asombrado. Pero, sinceramente, no puedo desobedecer a mis maestros. Y si piden secreto, hay grandes razones para ello. Y lo sé, justo cuando pensamos en algo que salió mal, "Oh, me alegro de no saberlo" – así también ustedes, cuando vengan aquí, cuando llegue su hora, también estarán agradecidos y entenderán por qué no se lo han contado todo.

Puedo decir que contar algunas cosas a los encarnados es como contribuir a la manía de sufrimiento que tenemos cuando estamos en la Tierra, porque los encarnados eligieron una manera de interpretar la realidad, y todo lo que es diferente a esa manera es negado, es devaluado. Los encarnados actúan como niños pequeños que aun no tienen la madurez suficiente para comprender algunas cosas. Por eso se nos instruye a no decir todo, solo lo necesario para algunos que están dispuestos a comprender o, al menos, a admitir que no lo saben todo y que Dios es verdaderamente maravilloso, pues siempre guarda lo mejor para aquellos. que le abren su corazón.

Normalmente, cuando estamos en la Tierra, decimos que nada sucede por casualidad. Lamentablemente esta frase es una de las tantas que las personas repiten sin pensar y no aplican en su vida diaria, porque si realmente la hicieran honor, sin conocer esta frase, no dudarían de algunas de las cosas que se relatan.

Y realmente es cierto que nada sucede por casualidad. Todo tiene un propósito, aunque el propósito no sea exactamente la forma en que cultural y socialmente nos acostumbramos a pensar y conjeturar cuando estamos en la Tierra. Todo el plan Divino es mucho más maravilloso de lo que podemos imaginar. E incluso estando en la Tierra, si prestamos atención a la perfección de la naturaleza, de la vida misma, este conocimiento se nos abrirá. Por eso, como he dicho, lo ideal y más provechoso es acudir cada vez más a nuestro espíritu.

En los alrededores de este edificio hay un patio para la meditación. Este patio está rodeado de árboles que albergan pájaros muy pequeños que cantan divinamente, mientras saltan de una rama a otra mirándonos con ojitos inteligentes. Estuve tentado de pasar toda la tarde mirándolos, estaba tan encantado con ellos. Hay varias fuentes cerca del edificio, con agua cristalina que casi nos sirve de espejo de lo clara que es el agua.

En verdad, un lugar perfecto para meditar. Si no fuera por mi atención a los pájaros que se escabullen de rama en rama, como si quisieran llamar la atención de cualquiera que los mire.

Hay un salón para reuniones y actividades sociales. Esta habitación parece más bien una cantina. Pero no es un comedor, porque aquí no necesitamos comer.

Hay algunas salas en este gran campus, creo que puedo nombrarlas, al menos para que los lectores entiendan de qué estoy hablando. En estas salas hay grupos que estudian diferentes cosas. No utilizan los libros correctamente.

Hay habitaciones que están todas hechas de vidrio y podemos ver personas mirando paneles que parecen estar hechos de plástico o acrílico. Y los profesores no escriben, como en una pizarra, con tiza. Tocan estos paneles, que, por supuesto, hacen de pizarra. Y a medida que tocan, la información aparece, siendo reemplazada, como si se tratara de una presentación multimedia terrenal, pero mucho más sofisticada, pues hay colores, líneas, no exactamente letras ni símbolos numéricos. Y los estudiantes no escriben, simplemente miran los símbolos y comprenden la naturaleza de lo que se les enseña. A veces, por lo que puedo observar, un estudiante levanta la mano y el profesor se detiene y mira con cariño al alumno. Entonces, el estudiante asiente con la cabeza, como demostrando que comprende. Y la clase continúa.

Aprenden los fundamentos de las materias que se tratan en la Tierra - como matemáticas, biología, ciencias, historia, etc. -. Además, existen clases de Sistemas Lingüísticos, o Lenguajes, tanto nuevos como antiguos – que continúan procesándose en los rangos atemporales –, y, lo que es más importante, significados e información que les sirven para elevar el espíritu, no solo como información que tiene ocurridos, hechos o acontecimientos.

Es como si cada grupo de estudiantes recibiera exactamente aquello para lo que están preparados en términos de capacidad de absorción. Los profesores - hay tanto profesoras como profesores -, visten batas blancas hasta las rodillas y pantalones blancos o grises. Todavía no entiendo exactamente todo; transmito, por tanto, lo que pude observar y saber con seguridad. Y eso lo puedo pasarlo. Pasan mucho tiempo en estas clases. Y muchos, después que terminan las clases y el grupo se dispersa, continúan trabajando en las placas que tienen información que nunca puedo ver, ya que la información solo está disponible para quienes asisten a estas clases. Muchos otros van a laboratorios donde manipulan máquinas que nunca he visto. Y estas máquinas son grandes y también pequeñas. Hay cables, alambres, esferas de un material que nunca antes había visto. No es plástico, ni hierro, es algo diferente.

Y no me atrevo a hacer tantas preguntas, porque, muchas veces, cuando preguntaba sobre algunas cosas de aquí, solo recibía una media sonrisa y una mirada amorosa de mis profesores, quienes terminaban cambiando de tema; y esto, en cierto modo, me dice que no sería capaz de entender lo que creo que quiero saber.

He tomado algunas clases, pero las mías son diferentes. Y a la vez no lo son, ya que la forma de aprender aquí es muy parecida a la que veo en estas otras clases. Pero el material del que aprendemos es diferente, son prácticamente tangibles.

Todavía no puedo entender por qué estoy aquí. Esta Colonia es para gente muy evolucionada, por lo que siento que hay mucha más información de la que puedo absorber, aunque toda la información que me dan la absorbo sin mucha dificultad. Pero siento que mi proceso de aprendizaje, así como el de todos los que están en la misma clase que yo, es mucho más lento de lo que percibo en esas clases que mencioné. Tengo la impresión que podría pasar aquí la eternidad, aprendiendo y aprendiendo. Me parece que hay un universo de información.

Dios es maravilloso conmigo por permitirme venir aquí.

La vida aquí empieza temprano, a las seis de la mañana debemos estar en la universidad para el inicio de clases. Y vamos hasta la noche, sin parar. El tiempo vuela aquí. Es como si el día terminara en cuanto cerramos un tema. Y las clases tienen contenidos y estilos tan interesantes que no queremos parar. Quizás incluso por el ambiente del lugar, tenemos una energía que, hasta ese momento, no sabía que tenía.

Las clases nos tocan el corazón a cada momento, entonces sientes que se está produciendo el cambio interior, porque no me conozco a mí mismo, como si no tuviera nada que ver con quién era cuando llegué al plano espiritual, ni con quién fue cuando estuve en la Colonia anterior. Cada vez me reconozco menos como el Miguel que alguna vez vivió en la Tierra. Como si todo esto ni siquiera era el pasado, sino una historia inventada. Mis intereses se vuelven cada vez más diferentes.

Sin embargo, sigo fiel a mi compromiso de llevar mi mensaje a través de mi madre terrenal. Y mi mensaje es que la gente deje de sufrir, porque el sufrimiento no tiene ningún valor.

Haber sido una persona a la que le gustaba lo que a mí me gustaba, cuando estaba en la Tierra, ahora tiene menos importancia. Es como si hubiera desempeñado un papel, como si fuera el personaje de mi propia vida y, a través de lo que practiqué, me llegaron las lecciones que debía aprender. Entonces, todo lo que me gustó, todo lo que hice, fueron puertas abiertas para que viniera un aprendizaje. Mi esencia, mi alma, mi espíritu, continuó desarrollándose, aunque no tenía esta conciencia espiritual. Haber tenido la oportunidad de disfrutar la vida, de interactuar con mi familia, me dio la estructura para ver la vida como la veo ahora. Todavía estoy de paso por aquí, como estuve en la Tierra, como seguramente estaré dondequiera que esté. El alma es esa cosa amplia, abierta al aprendizaje, que goza del placer de vivir, de extenderse, de expresarse, de dejar fluir el poder de Dios. Y ese es el poder de Dios, la vida que fluye a través de cualquier ser vivo. Y el universo entero está vivo. Porque la vida es lo único que realmente existe.

A veces, escuchando a estos pájaros, inmerso en mis clases, adquiriendo más conocimientos o incluso meditando, me doy cuenta que somos más de lo que sabemos. Y pienso en aquellos que todavía se limitan a pensar que la vida es menos de lo que se supone que debe ser. Como un poema, como una canción, como un acontecimiento que rápidamente se nos escapa de los dedos, nos lleva un tiempo reconocer la sutileza de quiénes somos, porque detrás de todo lo que experimentamos, detrás de todo lo que pensamos, detrás de todo lo que sentimos, es lo que realmente somos. El resultado de todo esto es que es nuestra esencia, nuestro yo real. ¿Y cómo podemos hablar de quiénes somos si todavía nos aferramos a lo más burdo, a lo más visible, a lo más superficial? Con palabras, lo reconozco, es imposible. Al menos para mí.

Creo que estos pájaros tienen algo que ver con estos pensamientos menos superficiales que he estado teniendo. Tengo que escucharlos más.

Clases y reflexiones

Hoy, en la Clase que aborda el tema "Renuncia" - hay clases en las que prácticamente diseccionamos temas, como ya hicimos en la antigua Colonia donde estaba, aunque aquí logran sacar a la superficie elementos mucho más profundos -, el profesor comenzó preguntando:

– ¿A qué debemos renunciar?

Y continuó con lo que aquí intento transmitir con palabras: "Hay que renunciar a los deseos menos nobles, a los placeres más superficiales. Y, de esta manera, seguir la voluntad del Dios interno, de esa porción dentro de nosotros que nos lleva a la sabiduría, a los buenos propósitos, al equilibrio que comienza dentro de nosotros y que solo así puede extenderse al colectivo. Algunas personas – dependiendo de su nivel de comprensión, entendimiento, evolución –, pueden pensar que obedecer al Dios interior es una cuestión de dictadura desde un plano espiritual que tiene como máximo representante al Dios que dicen adorar.

Sin embargo, debemos señalar que la representación personificada de un Dios como máximo representante de un plano espiritual es solo una imagen construida con el fin de facilitar la comprensión de aquellos que aun no pueden separarse de su personalidad física, provocando así que no puedan separarse de su personalidad física. ver al Dios verdadero.

Cuando decimos que debemos seguir la voluntad de Dios y la gente piensa que estamos hablando de un Dios personificado, como un Ser externo a ellos, no hay ninguna malicia en ello, ya que este mensaje de ninguna manera obstaculiza el propósito del comportamiento deseado, que tiene como objetivo elevar la conciencia del espíritu, aunque el trabajo se realice desde el plano físico.

Ya sea que estemos en el plano físico, o en el no físico, siempre hay oportunidades que hay que aprovechar – en cualquiera de los planos –, y en cada plano hay posibilidades que, en otros, no son posibles.

El Dios interno, o Dios externo - que es la imagen que la mayoría de las personas tienen del Dios verdadero -, debe ser nuestra máxima guía y toda positividad, expansión consciente y evolución espiritual equilibrada están relacionadas con Él.

Por tanto, la supuesta dictadura que muchos pueden evocar cuando decimos que debemos seguir los mandamientos de Dios no es una dictadura. Si se ve así es solo porque el espíritu aun se encuentra en una etapa evolutiva infantil, pues utiliza comparaciones relacionadas con dificultades en el plano físico, dificultades creadas por los propios espíritus debido a su propia inmadurez. Y si incluso se hacen conjeturas sobre esta base, esto es una prueba más que necesitan la realidad que crean y que no podemos esperar más que eso si consideramos la etapa evolutiva en la que aun se encuentran. Todo es perfecto e incluso la etapa evolutiva en la que muchos se encuentran es parte de la evolución, ya que no podemos condenar a un fruto por estar aun verde, pues es comprensible que sea necesario pasar por la etapa inicial para llegar a etapas más amplias en términos de la evolución de cualquier ser vivo, incluido el espíritu.

La magia de la existencia está presente en la renuncia que hacemos a las cosas más instintivas, teniendo los elementos instintivos un lugar especial en la evolución de la creación divina. Cuando buscamos el equilibrio, todo encaja.

Y la revuelta que se nos acerca, cuando en estados aun primitivos de evolución espiritual, cuando se nos instruye que debemos dejar de lado lo que no tiene que ver con Dios, es una respuesta de nuestra parte más animal. Y lo que hay de animal en nosotros solo debe servirnos de vestimenta para vivir en el plano físico. Y; sin embargo, con agudeza, con celo y observación.

Cuando nos enfrentamos al deseo de hacer la voluntad divina, pensemos en dejar fluir nuestros sentimientos menos sutiles, pero de manera sensata, sin cargar a los demás con nuestras insatisfacciones o locura. Dejar fluir significa no discutir con la vida, no interrumpir nuestra interacción con la vida y lo que nos pasa como si fuéramos niños malcriados que - locamente -, deciden hacerse daño, solo como una forma de llamar la atención de sus padres que los privaron de algo que ellos, en su inmadurez, consideraban justo en ese momento.

Dentro de nuestras propias dificultades, dificultades consideradas dificultades solo porque estamos en la etapa de aprendizaje, se encuentran nuestros frutos más bellos. Y si miramos las situaciones que nos ocurren con una mirada menos egoísta, menos provista de ego, entenderemos las relaciones entre lo que nos sucede y lo que necesitamos entender.

Nuestra manía de querer interferir en planes superiores, mostrándonos insatisfechos, resentidos, llenos de dolor y todo tipo de actitudes y sentimientos inquietantemente negativos, solo hace que lo que decimos que queremos se aleje aun más de nosotros. Cuando confiamos en Dios, o en nuestro Dios interior, como quieras llamarlo, la guía llega a nosotros y los portales del paraíso se abren para cada uno de nosotros, según nuestras necesidades y deseos."

    Toda esta información nos fue brindada muy rápidamente, a través de los signos que mencioné, marcados con símbolos, dibujos y musicalidad específica. Pero la velocidad con la que pasaron no es la velocidad que conocemos en el plano físico. Estos son puñados y puñados de bloques de información que recibimos, junto con la capacidad de procesar esta información y pedir aclaraciones, si las necesitamos. Lo que comparto aquí, por tanto, es solo lo que mi madre sabe traducir de los bloques de información que intento transmitirle a ella también.

    En este curso tenemos varios temas, pero el tema básico es este, "Renuncia." Como en la universidad del amor, en la Colonia anterior, aprendimos mucho sobre el amor y el perdón, es más fácil entender la relación que tiene esta asignatura con asignaturas anteriores.

Al pensar en este tema me vienen a la mente varias imágenes. Y lo más importante, las imágenes, los conceptos, resuenan en mí y me convierto en una persona diferente. Siento esto, pero no sé cómo expresarlo con palabras, para hacerme entender, porque estos materiales y lecciones se basan en hacer exactamente eso, trabajar en la verdadera naturaleza de quienes somos. Por lo tanto, cuando alguien reencarna, se dice que estas personas tienen una actitud diferente, pues proviene de un largo tiempo de aprendizaje en el plano no físico. Y la mezcla de lo no físico más las oportunidades y la interactividad con lo físico es lo que dará como resultado la evolución tanto del planeta como de la persona misma.

Este trabajo de evolución también está teniendo lugar en la Tierra. La única diferencia es que no lo admitimos, ya que nos dejamos llevar por una visión distorsionada que nos dice que solo la realidad física tiene significado. Solo necesitamos ponernos en contacto – solo un poco –, con nuestro espíritu para saber que existe la posibilidad, ahora mismo, de acelerar la calidad de nuestra evolución personal.

Al principio, la renuncia nos parece agresiva, ya que no queremos renunciar a nada. Para muchos, la palabra en sí misma resulta ofensiva, ya que es como si tuviéramos que renunciar a nuestros derechos. Y aunque las religiones deberían examinar esta cuestión en la Tierra, no pueden hacerla pasar por algo bueno tal como es. Y no pueden hacerlo simplemente porque tienen líderes que no tienen un compromiso con el ser espiritual en la medida necesaria para abordar ciertos temas.

Ninguna religión en sí misma debe ser condenada, pues el principio que rige cada religión está relacionado con los propósitos divinos que intentan despertar las venas del espíritu en cada ser.

La gente puede juzgar actos humanos y no humanos. Lo mismo ocurre con las religiones. La gente puede juzgar los actos religiosos, no las religiones. Al juzgar los primeros – hechos –, hay grandes posibilidades de mejorar los segundos - los seres humanos y las religiones. Al juzgar a estos últimos - humanos y religiones -, no hay manera de desarrollar los primeros – hechos. Y no se debe juzgar la base de toda mejora, sino lo que empaña la base. Cada base es pura. Y no puedo extenderme más en este tema, por ser una estructura pertinente a los misterios sagrados y que debe ser comprendida en el propio desarrollo individual de cada persona.

Cuanto más comprometidos estemos con nuestro espíritu, mejor sabremos cómo tratar los asuntos de naturaleza divina. Esta postura de compromiso con el Dios interior, o con Dios, o con el yo espiritual, se traduce – en la Tierra –, como fe, como un llamado a confiar en Dios. Pero, cuando estamos en la Tierra, dejándonos llevar por los conceptos acuñados sobre egoísmo, desequilibrios, ego, también olvidamos que incluso la fe, que decimos que es necesaria, acaba siendo vivida de forma equivocada. Y damos tanto crédito a este tipo de comportamiento, al privarnos del análisis, de las consideraciones espirituales, que nos perdemos y comenzamos a transmitir incluso lo que, aunque creemos cierto, no practicamos.

Las enseñanzas recibidas, tanto aquí en el plano no físico como en el físico, son enseñanzas simples, de una sabiduría más profunda que las costumbres y conceptos desarrollados en el plano físico. Y son el "blá-blá-blá" de la vida, de la existencia en su conjunto. Y nos ayudan a ver la luz, a caminar hacia ella, a ser verdaderamente luz. Y nos empujan a practicar. Desafortunadamente, cuando estamos en la Tierra nos resistimos a prácticas que realmente validan estas verdades. Y quizás por eso olvidamos tan fácilmente lo que decimos que creemos que es lo más correcto para la evolución del espíritu. Sin práctica, no podemos regar la tierra, que es fertilizada por la naturaleza divina para que salga a la superficie el modelo perfecto de quiénes somos.

Mi maestro continuó:

- "Renunciemos a los pensamientos y sentimientos negativos, ya que estos dos están siempre juntos. Armonizar pensamientos y sentimientos es lo más importante para tener éxito en nuestros emprendimientos.

No tiene ningún valor pensar en positivo, hacer el papel que todo está bien para nosotros, pero alimentar el sentimiento negativo, como quien finge.

No tiene ningún valor pensar, por ejemplo, 'la vida es maravillosa, fácil y plena' y sentir 'pero no para mí; ¿qué será de mí?' Estoy sufriendo y los que amo también.

Tómate un tiempo para analizar tu vida personal, para entender si hay inconsistencias. Y pregúntense, si notan la existencia de un conflicto entre el pensamiento y el sentimiento, por qué surge el conflicto. Es una gran oportunidad para conocernos, para alinearnos con la divinidad que todos somos.

Y trabaja hacia el alineamiento, observando el conflicto, aceptándose, de manera amorosa, porque todas las situaciones que atravesamos, o experimentamos, son oportunidades de expansión y evolución personal en sí mismos. No hay nada de malo en comprender los conflictos. Si hay algún error es el de intentar ocultarnos el conflicto, perdiendo la oportunidad de dar un paso más en el conocimiento de nosotros mismos. Todo dolor, que es solo dolor hasta que lo comprendemos, trae consigo la oportunidad de madurez personal y espiritual. Por tanto, sepa tener la perspectiva adecuada, la de mirarse a sí mismo, darse cuenta de la vulnerabilidad a la que nos pueden llevar estos conflictos y meditar sobre el por qué actúan como lo hacen, por qué sienten como sienten. Y aguarden los hermosos resultados de la flor de loto, el alma, abriéndose en el gran río cristalino de la existencia, la vida misma.

Solo cuando los pensamientos y sentimientos estén intactos, unidos y armoniosos, la vida fluirá, provocando que se produzca una renuncia positiva. Y esto se aplica tanto a los encarnados, en la Tierra, como a los llamados desencarnados, en el plano espiritual.

Se habla mucho de 'conocer a Dios'. Sin embargo, la obra de conocer a Dios no debe ser realizada por Dios, pasivamente, sino por cada uno de sus Hijos, pues Dios es ya el Todo que parece accesible. Así, 'conocer a Dios' es tener la capacidad de reconocerlo, ya que Él siempre ha estado y está a nuestro lado. Y esto lo hacemos cuando nos alineamos, cuando nos dirigimos hacia Él, sumergiéndonos en el Todo, que es donde está Dios.

Incluso las personas religiosas, si no practican lo que estudian, lo que dicen estar de acuerdo y en lo que creen, tienen poco valor para sí mismas, ya que eso solo hace que el camino sea más lento, más arduo, ya que la mayoría – la práctica –, aun está por hacerse.

Aquí mismo, donde tenemos teorías, porque una clase como esta se compone de partes teóricas que tienen el propósito de despertar la porción que incentiva a la práctica, es necesario practicar. No sorprende que tengamos nuestro trabajo en la interacción de planos, donde ayudamos a los hermanos que necesitan orientación, cuidado y energía.

En todo la práctica es fundamental. Es lo que nos hace responder que sabemos lo que decimos que sabemos. Es lo que nos hace enseñar – a través de nuestro ejemplo cuando practicamos –, a aquellos que dicen que no saben.

Aunque es valioso desarrollar su intelecto cuando están en la Tierra, ese no es el trabajo más importante. Si así fuera, no tendríamos tantos conflictos internos personales ni tanto sufrimiento innecesario. La obra más importante es practicar – deliberadamente –, las enseñanzas de Jesús, el Gran Maestro. Alimentar solo el intelecto nos lleva a caminos donde reina el ego. Y no es de extrañar que, en general, quienes más se sirven a sí mismos y a la humanidad, difundiendo ejemplos de amor, sean quienes carecen de conocimientos intelectivos o de riquezas materiales, pues en las privaciones hay un sabio acercamiento entre el ser físico y el ser espiritual. No tendría por qué ser así. Pero la historia nos lo ha demostrado con gran constancia. Por eso, muchas almas, al prepararse para sus reencarnaciones, acaban prefiriendo una vida provista de recursos y llena de dificultades. Esperan que, de esta manera, podrán superar lo que podrían si hubieran nacido rodeados de bienes e instalaciones.

Justo aquí, en el plano espiritual, o incluso en el físico, conviene el autoanálisis, con cierta periodicidad, a modo de examen escolar, donde nos hacemos las siguientes preguntas:

- ¿Estoy aprendiendo alguna enseñanza este mes?
- ¿Estoy poniendo en práctica lo que estoy aprendiendo?

E independientemente que tengamos religión en la Tierra o no, el trabajo es productivo, ya que nos saca de la condición de autómatas, elevándonos a la condición de ser quien vela por nuestra evolución personal y espiritual."

Los maestros más avanzados, que por ser espíritus más avanzados se ganan el título de maestro de aquellos que todavía están en el camino de la expansión personal, nos dicen que tener una religión es algo maravilloso, ya que las religiones son una oportunidad para que el espíritu se expanda, mientras esté en la Tierra, y mantener su porción física en contacto con su porción no física.

También dicen que tener una religión puede ser peligroso, ya que la tendencia humana es seguirla por orgullo, promovida por el ego, y en estos casos muchas personas empiezan a perder contacto con el espíritu y favorecen el desprecio por las personas que no siguen la misma religión que ellos.

Es interesante ver cómo, en el plano físico, nos dejamos llevar por los extremos e incluso somos capaces de empañar los recursos tan útiles, tan preciosos, denigrándolos al hacer un mal uso de ellos, desvirtuando sus mejores propósitos.

Esto no sucede – aprendí de mis maestros –, porque los seres humanos sean malos, porque nada es malo en la creación de Dios. Esto se debe a que está ocurriendo una energía. Y esta energía puede ser calificada para dar como resultado lo que deseamos, o distorsionada, dando como resultado lo que no deseamos. Lo que falta, concluyeron mis profesores, es conciencia – que proviene, por tanto, del contacto estable con el espíritu –, de lo que estamos creando en el momento exacto en que actuamos en los más mínimos detalles de nuestra vida.

Cuando tenemos una tendencia a darle importancia al ego, esto se debe a que cuando estamos en el estado de tiempo presente, en el que estamos enfocados, en el que estamos centrados, tendremos una inclinación a fortalecer ese estado cada vez más. Imaginen que pueden ser niños y adultos al mismo tiempo. Cuando estén en el estado de niño, tenderán a fortalecer todo lo relacionado con el niño. Sensaciones, forma de hablar, deseos, quejas. Se enfatizará todo lo relacionado con el estado infantil. Cuando estén en el estado adulto, todo lo relacionado con el estado adulto recibirá énfasis.

- "Esto, por supuesto – continuó el profesor que explicó este tema –, es un ejemplo muy rudimentario. Pero creo que es suficiente para ustedes, mis alumnos, comprender por qué tenemos tanto entendimiento con el espíritu cuando éste está en su viaje evolutivo, desempeñando roles que le facilitarán el aprendizaje y el mantenimiento de la madurez. Entendemos a qué está expuesto el espíritu, por eso lo ayudamos. Bueno, ya hemos llegado a la parte del camino donde se encuentra ahora.

Cuando estamos en la Tierra, es natural fortalecer, enfatizar, la parte física, que comprende representaciones del ego, el orgullo y el juicio superficial. Por tanto, utilizar las religiones para elevarse es también un acto del ego.

Dios no tiene religión, los espíritus no tienen religión. Todos somos seres en evolución, sujetos a la misma vulnerabilidad, a las mismas condiciones. Por eso estamos juntos. Porque somos similares. Porque básicamente tenemos las mismas escalas de aprendizaje.

El que se cree mejor que su hermano no comprende que es igual a su hermano. Puede que no cometa los actos que juzga inapropiados, pero si presta atención al espíritu, siempre accesible, notará que comete otros actos que serían juzgados como inapropiados si estuviera en una posición diferente a la que se encuentra actualmente. Si uno comete el error del orgullo, otro comete el error del juicio.

Si uno comete el error de no amar, otro comete el error de no ayudar con ese supuesto error."

Así, la persona que comete el error "A" es la misma que su hermano que comete el error "B", porque un error siempre es un error. Y el error, para nuestro Creador, no existe, ya que todas las situaciones y actos son oportunidades para ajustarse, evolucionar, expandirse.

Por tanto, considerar la existencia de un error es uno de los errores fatales, del que surgen todos los demás errores. Por eso es importante cuidarnos y ponernos en el lugar de los demás. Pero cuando se dice que debemos ponernos en el lugar del otro, no significa que debamos ponernos en el lugar del otro siendo quienes somos, sino siendo realmente el otro. De esta manera, si quiero ponerme en el lugar de otra persona, tengo que "fingir" completamente. O sea, tengo que ser el otro, considerar que tengo su cultura, su comprensión, sus vulnerabilidades. Y no siempre podemos hacer eso. Es un ejercicio. Y, como todo entrenamiento, cuanto más entrenamos, mejores nos volvemos. Y el beneficio de esto es solo nuestro, ya que todo crecimiento personal tiende a privilegiarnos a nosotros, no a los demás.

Aquí en el Más Allá tenemos varias Colonias. Y para quienes necesitan trabajar la humildad, también tenemos la "universidad de la humildad." Además de los asuntos pertinentes al crecimiento del espíritu mismo, hay un énfasis específico en aprender la humildad. Estos espíritus, además de estudiar y reflexionar sobre el tema, también realizan su trabajo de campo asistiendo a seres que se encuentran en situaciones y lugares donde es posible ejercitar – en la práctica –, los aprendizajes adquiridos.

Y no es nada fácil, porque es algo sorprendente el juicio que estas personas hacen de los demás, pues siempre enfatizan el lado negativo, considerándose más amigos de Dios por haber asistido a determinadas denominaciones religiosas.

No hay peleas, ni desilusiones, solo el aprendizaje que pudieron haber aprovechado mejor la oportunidad que tuvieron cuando estuvieron en la Tierra, porque si fueron llamados, o atraídos, por ciertas denominaciones, es porque esa denominación poseía lo que más les gustaba… más les convenía.

Por ejemplo, las personas que desarrollan su espiritualidad en las religiones evangélicas se basan en el aprendizaje del amor. Y estas personas son las que, normalmente, menos aman. Quienes se sienten llamados, o atraídos, por líneas afro como la Umbanda o el Candomblé, están aprendiendo la caridad. Y estas personas suelen ser las menos caritativas. Aquellos que son llamados o atraídos por líneas tradicionales, como el Catolicismo, por ejemplo, están aprendiendo a aceptar y comprender. Y estas personas son las que, normalmente, menos ejercen la aceptación y la comprensión.

Por supuesto, el ejemplo que puse arriba es bastante superficial, sin embargo es útil para que entendamos que no hay nada sin un propósito en nuestra existencia. Todas las personas están siendo llamadas o atraídas por lo que más necesitan. Esta llamada, o atracción, representa la inclinación natural de la necesidad de un aprendizaje específico, según el caso de cada persona. Por lo tanto, normalmente la gente repite lo que sus religiones podrían corregir, si realmente prestaran atención al desarrollo espiritual.

E inicialmente, cuando las personas practican sus religiones, tienden a practicar lo que les enseñan. Desafortunadamente, a medida que pasa el tiempo, se endurecen y terminan practicando exactamente lo contrario de lo que les enseñaron. No es culpa de la religión. La religión es una magnífica herramienta de crecimiento. Si la humanidad no insistiera en la ceguera del ego, haría un mejor uso de él.

Incluso los líderes espirituales, que deberían centrarse más en el espíritu, insisten en centrarse en el ego. Distorsionan las palabras de Jesús para exaltarse a sí mismos. Creen que son dueños de la verdad, pero en el fondo saben que perdieron la conexión con la verdad hace mucho tiempo. Y solo reanudarán este vínculo con la verdad cuando Jesús esté al frente, no ellos mismos. Y el precio que pagan por ello es doloroso, ya que tendrán que abandonar su propio ego y muchas veces tendrán que programar varias reencarnaciones para poder fijar su propio camino, ya que han actuado contra el espíritu, olvidando que son espíritus.

Seguir una religión es algo muy serio, esconderse detrás de la etiqueta de religioso, pretender ser lo que uno es no solo tiene sentido en la Tierra, y aun así solo para algunos, como muchos lo sienten, por la inspiración del espíritu, y por ser alguien comprometido con su propio espíritu, que algo anda mal con las personas que actúan así. Quienes se esconden detrás de etiquetas carecen de integridad con su propio espíritu. Quienes tienen comunión con su propio espíritu generalmente tratan de mantenerse alejados de los llamados lobos con piel de oveja.

A menudo, quienes se esconden detrás de etiquetas llegan aquí adictos a la mentira. Y dan mucho trabajo a los consejeros, ya que es necesario reprogramarlos, por así decirlo, bajo la apariencia de sufrimiento personal. La evolución acaba viéndose obstaculizada. Y por eso terminan – por sí mismos –, eligiendo reencarnaciones donde pasarán por humillaciones hasta sentir en su esencia el peso de haber engañado a otros, distorsionando el camino de los débiles.

Los débiles, a su vez, no lo son tanto, porque al final – por justicia divina –, los semejantes se atraen. Y corresponde a cada persona cuidar de su propia evolución espiritual. Pero el llamado pecado de quien lo hizo no disminuye por causa de aquel contra quien lo hizo. Tampoco el llamado sufrimiento del que sufrió se vuelve mayor a causa del que sufrió heridas o desviaciones en la evolución espiritual. Todos tenemos lo que merecemos, esa es la gran verdad. Así, al preocuparnos con celo por nuestra propia evolución, nos hacemos un favor a nosotros mismos, solo nos beneficiamos o perjudicamos.

Todos aquellos que asisten a una religión deben revisar sus pasos, su propia conducta, el papel que tiene la religión elegida en sus vidas y aprovechar mejor esta canasta de bendiciones que está disponible a través de la práctica espiritual que han elegido.

Las religiones son universidades, como las que tenemos aquí en el Más Allá. Cuando la gente llega aquí al Más Allá, la universidad significa algo así como una "prueba", una prueba de la que pueden obtener su diploma, por ejemplo habiendo aprovechado las lecciones en la Tierra, o una etapa de recuperación para aquellos que no aprovecharon lo puesto a disposición por las Leyes Divinas.

Puedo decir, por lo que observo, que el nivel de desaprobación aquí es muy alto, ya que muchos espíritus están teniendo que pasar por la etapa de recuperación. Corresponde a los líderes religiosos honrar el papel que les ha asignado Dios, enseñando a las personas a practicar las enseñanzas de Jesús. La más pura verdad es que debemos apegarnos cada vez más a Dios, a sus palabras y a la práctica de nuestras actitudes, ya que esto es lo que más contribuye a nuestra felicidad.

El equilibrio de donde estamos

Se supone que una Colonia espiritual es un lugar de paz. Y realmente lo es. Sin embargo, la paz de la que hablo es una paz bastante diferente de la paz a la que la mayoría está acostumbrada. La paz, para la gente de la Tierra, significa ausencia de guerra, ausencia de peleas, de desacuerdos.

Y aquí también es así. Pero la paz, para nosotros, significa más. Significa personas que piensan, crean, provocan discusiones, estudios, análisis y se centran en su propia madurez, lo que permite una paz de energía diferente.

Y muchas veces hay disputas, pero no son exactamente guerras; todavía seguimos haciendo las paces, pues las disputas terminan siendo promovidas con el propósito de despertar a algunos seres. Precisamente ayer caminé por algunas Colonias, menos evolucionadas que en la que estoy. Y pude ver la diferencia entre cada una. Hay Colonias que albergan espíritus más distantes. Y aunque estas Colonias tienen un asesor, todavía sentí la diferencia entre estas y la que estoy.

El hecho que estemos en el plano espiritual no significa necesariamente que estemos en lo que, cuando encarnamos, llamamos paraíso. De hecho, siempre se nos ofrece la oportunidad de progresar, de seguir mejorando nuestra evolución. Sin embargo, algunos espíritus, aunque evolucionaron en un crisol cuando estuvieron en la Tierra, después de desencarnar todavía llegan a estos lares con muchas de las características que tenían cuando estaban en la carne.

Estos espíritus, como si estuvieran en la Tierra, mantienen el orgullo, la petulancia y otras animalidades similares. Sus asesores intentan mostrarles caminos más fáciles, pero ellos se niegan a escuchar a sus mentores.

Luego, después de mucho esfuerzo, paciencia y sabiduría, se les invita a abandonar las Colonias, cuando no se marchan solos, que es lo que suele ocurrir.

Y los espíritus que no se mantienen altos, ni se adaptan a los dictados de los bajos, acaban como incrustados en el medio. Precisamente, deambulan por el orbe terrenal, entreteniéndose como si estuvieran encarnados, entrando muchas veces en connivencia con otros iguales o peores que ellos, donde solo se meten en problemas y, lógicamente, en mucho sufrimiento.

Muchas, muchas veces, estos espíritus se sienten atraídos por personas encarnadas que tienen los mismos vicios que tenían cuando también encarnaron; otras veces, se vuelven adictos al sexo, por lo que prefieren lugares donde reine la promiscuidad, el sexo ilícito, las orgías y depravaciones que los encarnados logran realizar en la Tierra sin siquiera saber que a su alrededor hay hordas y hordas de estas consciencias no físicas, pero igualmente sufriendo; hay quienes vampirizan a los encarnados que insisten en alimentar la depresión, la ira, el dolor, la revuelta y sentimientos similares; y hay otros que profundizan en creaciones que son una mezcla de todas estas cosas y más.

Hay espíritus de todo tipo; incluso hay quienes deambulan sin rumbo, sin identificarse.

Si están con algún grupo de encarnados, pasan mucho tiempo tratando de comprender sus propios recuerdos que, acelerados, se desencadenan, trayendo mucha confusión, falta de consenso y alucinaciones variadas. Se pierden tanto en sus propias perturbaciones que se alejan cada vez más de cualquier posibilidad de curación, se vuelven como desespiritualizados, ya que les falta la vitalidad del flujo de la vida, los deseos de evolución y orden, les falta la energía divina, del polo positivo, porque como todo proviene de Dios en este universo existencial, se entregan a la energía del polo negativo del Creador, que – lo aprenderemos más adelante –, tiene su propósito en los dictados de la vida.

Estos espíritus acaban necesitando mucho apoyo espiritual y se benefician mucho cuando quienes permanecen en la Tierra no pierden el tiempo en lamentos, sino en oración que les envía energía de dirección y evolución. A menudo, esperan años y años en estos Umbrales de desorganización y dolor hasta que alguien a quien estaban muy cerca en la Tierra desencarna y los busca en las Colonias. Sí, grupos de seres no físicos logran acercarse a la oscuridad en la que se encuentran e intentan rescatarlos y finalmente comenzar el trabajo evolutivo que ya podría haber comenzado si los espíritus no estuvieran tan distantes y llenos de ilusión.

Tanto la vida en la Tierra como la vida en el plano no físico se vuelven mucho más fáciles, más fluidas, cuando nos despojamos de la arrogancia, del pensamiento que somos más grandes. Todos somos iguales. Y lo que uno puede crecer, evolucionar, siempre sirve para ayudar a los demás. Y en la propia Tierra, este aprendizaje puede ponerse en práctica, evitando así el sufrimiento tanto de los encarnados como de los desencarnados.

En esta Colonia que visité conocí a un muchacho llamado Abelardo. Está empezando a conocer el valor de la humildad. Antes, impulsado por el miedo insensato a convertirse en esclavo de los demás, prefería mantener una postura de arrogancia, como forma ilusoria de defensa. Ilusoria porque nadie es esclavo de nadie, ya que toda criatura de Dios está hecha para ser libre, ya que es en la libertad donde mejor crecemos. A causa de este pensamiento demencial, trataba a todos con gran petulancia y desprecio, distanciándose así de la oportunidad de recibir y dar amor, lo que le habría ahorrado un largo tiempo de desgracias personales. Abelardo trataba a los encarnados, cuando él mismo estaba encarnado, y también a los desencarnados, nada más al llegar aquí, con excesiva frialdad y arrogancia. Después tuvo la costumbre de justificarse. Decía cosas como "solo actué así para que no me pisaran más tarde" y neurosis similares.

De esta manera, Abelardo tardó mucho en darse cuenta que nadie puede hacer inferior a nadie, a menos que la persona, o el espíritu, esté en la misma onda de aquel a quien se quiere hacer inferior. Este fenómeno, podemos decir, es como una radiofrecuencia. Accedemos a la estación – o rango de comunicación –, que queremos, aunque no seamos conscientes de ello. Y accedemos al rango de frecuencias en el que sintonizamos simplemente enfocando nuestra mente en lo que nos interesa. Solo así la vida fluirá de forma positiva y saludable.

Cuando desencarné, sentí esta necesidad. Tenía dos opciones, arrepentirme de haber dejado a quienes amaba o sintonizarme con lo que era productivo, lo que me haría feliz, lo que me ayudaría a superar las dificultades. Y elegí la felicidad. Así de simple mi vida continuó fluyendo. Y cada elección que hiciera generaría una amplia gama de resultados. Que podría ser negativo o positivo. Así ejercí mi elección y sigo cosechando resultados beneficiosos para mi evolución. Y sé que aquellos a quienes amé, a quienes todavía amo, que permanecieron en la Tierra porque aun no había llegado el momento de aprender aquí en el plano no físico, también continúan tomando sus decisiones.

De vez en cuando extraño el período que pasé en el plano terrenal en mi última encarnación. Pienso en mi madre, mi hermano, mis amigos y me siento positivamente orgulloso de haber tenido esa experiencia de vida, de haber aprendido las cosas que aprendí, de haber tenido una familia maravillosa. Lamentablemente, creo que ahora podría haber disfrutado más de mi estancia en el cuerpo físico. Sin embargo, cuando estamos encarnados, influenciados por la cultura, por la sociedad, por los conceptos que la vida en la tierra es la realidad última, no podemos desarrollar fácilmente la noción que simplemente estamos de paso. Y aunque sigamos repitiendo que todos somos pasajeros en la vida terrenal, esto funciona muy bien en teoría. En la práctica terminamos siendo un fiasco.

Casi en general, cuando estamos en la Tierra, tendemos a resaltar el sufrimiento y la insatisfacción. Dedicamos poco tiempo a agradecer la oportunidad de tener una experiencia física donde, solo así, podemos apreciar la naturaleza, el contacto con las personas, la percepción humana en depuración de acontecimientos que nos enseñan mucho más de lo que creemos. Estamos tan ocupados haciendo planes para adquirir bienes materiales que no valoramos la capacidad de desear esos bienes, la aventura de idear formas de conseguir lo que queremos. Nos centramos únicamente en la adquisición, en el valor y estatus que representará para nosotros la posesión de ese bien. No nos notamos mucho el uno al otro. Pocos de nosotros lo sabemos. Y todo está ahí, toda posibilidad de conocernos a nosotros mismos, de disfrutar de las experiencias humanas para darnos cuenta, de manera ampliada, que haber tenido la oportunidad de encarnar es un don divino sin comparación.

La vida, en sí misma, se resume en clases prácticas, en aprendizajes y placeres sublimes. Pocas personas prestan atención a esta realidad para aprovechar al máximo cada minuto de su existencia en la Tierra.

Mirando desde fuera parece fácil. Cuando lo experimentamos por nosotros mismos, lo fácil se convierte en teoría y la práctica se desvanece. Y con cada encarnación ajustamos nuestra percepción, para percibir cada vez más el don de la encarnación.

Mientras el mundo terrenal sufre sus cambios, en el plano no físico nosotros también pasamos por los nuestros. Después de todo, aunque en la actualidad estamos bastante sincronizados entre sí, cada uno de nosotros, en grupo o individualmente, tiene sus propias actividades e intereses.

Cuando lo pienso, inmediatamente me viene la idea que ningún sufrimiento tiene el peso suficiente como para justificar perder mucho tiempo dedicado a lamentaciones, quejas, victimismos, sentimientos de venganza, revueltas y cosas por el estilo. A medida que maduramos espiritualmente, todo sufrimiento terrenal parece un juego de niños.

Los espíritus que insisten en comportamientos que enfatizan posturas y sentimientos de orgullo, avaricia, egoísmo, falta de humildad, por ejemplo, hacen más arduo el viaje y, de esta manera, muchas veces insisten en varias encarnaciones donde repiten una y otra vez las mismas experiencias. nuevamente, hasta purificarse del cáncer que representan para la creación divina.

En cualquier caso, todo lo que hay que aprender, se hará. Porque somos como frutos inmaduros que, de una forma u otra, tendremos que madurar. Lo que cambia; sin embargo, es la forma, el modo en que experimentamos esta maduración.

Pinceladas de vidas

Una dama que conocí aquí en el Más Allá sufre de amor por un hombre que, en vidas pasadas, fue su gran amor. En cierta vida terrenal ella le hizo sufrir mucho, y él trae un gran dolor en su corazón, de modo que, cada vez que se encontraron, aunque se amaban profundamente, él no pudo perdonarla. En la última encarnación no pudieron volver a estar juntos, ya que su orgullo los alejó. Por una razón u otra, no pueden completar el aprendizaje que eligen desde el punto no físico y que deben realizar desde el punto de vista no físico desde el punto físico.

Seguramente necesitará tres o cuatro encarnaciones más para comprender y ejercer el don del perdón.

Muchas veces, el espíritu distante hace algo así, de hecho consigo mismo. Abandona el plano no físico hacia el plano físico y termina enredándose en las vanidades del mundo, alimentando el deseo de amor. Y cuando acude a su reunión programada, recuerda sus supuestos dolores egoístas y le resulta difícil mantener las relaciones con las que pretendía obtener conocimiento, comprensión y redención.

En el lado no físico, nosotros, los espíritus, intentamos sugerir preguntas que los animen a continuar el viaje elegido cuando estuvieron aquí, preparándose para la gran aventura que es la vida física. Pero no podemos ir en contra de su propia voluntad, ya que eso perjudicaría la posibilidad que el aprendizaje sea efectivo y renovador.

Así, cada error que creemos cometer hacia los demás resulta en un error hacia nosotros mismos. Un gran despropósito que forma parte de muchas lecciones aprendidas, pero más un hecho.

Lógicamente, la mujer de la que hablo no fue una víctima inocente en vidas pasadas. También hacía el papel de una persona muy bella físicamente, igualmente orgullosa, aprovechándose de los hombres a los que seducía, engañándolos con la promesa de amor eterno para luego dejarlos en el fuego de la pasión. A medida que sus vidas en la Tierra se sucedieron, aprendieron de la manera más difícil, a través de relaciones fallidas con hombres de carácter cuestionable. Poco a poco aprovechó sus posibilidades de regeneración espiritual, ya que el encuentro entre lo femenino y lo masculino implica intercambio, compañerismo, evolución compartida, no solo para el disfrute del cuerpo carnal, la procreación o los placeres que a través de él se pueden obtener.

Al tomar conciencia de la Ley del Retorno, el espíritu adopta una posición firme sobre la antigua ley terrenal que dice que debemos hacer a los demás lo que queremos que ellos nos hagan a nosotros. Esta conciencia nos lleva a emprender nuestros rescates, que tienen que ver con el aprendizaje, a través del amor y no a través del dolor. En estos dramas personales, arquetipos que experimentamos repetidamente, se incluyen la oportunidad de considerar situaciones desde un punto de vista más sutil, la oportunidad de buscar nuestro propio camino en lugar de seguir dictados culturales. Y, por supuesto, aprovechamos los dictados culturales, que parecen más desafíos que yugos puestos sobre nuestras espaldas. Los supuestos seres perjudicados en la vida terrena no fueron, ni son, víctimas inocentes. Creamos las situaciones que vivimos para obtener el cambio espiritual necesario para nuestra maduración como almas. Y esto no significa que estemos en una vida terrenal para aprender o experimentar un solo drama, una sola situación. Si bien observamos las situaciones que más nos afectan, hay muchos otros temas en los que el alma, o espíritu, está trabajando para que se siga logrando la evolución. Y no hay fin ni propósito conocido en esta aventura del alma.

Una experiencia de gloria, abundancia, libertad y éxito está destinada a todos nosotros. Nada de lo que pasa el alma está mal. Todas las cosas que nos suceden son aprovechadas por la Ley Mayor, la del amor.

En las clases que estoy matriculado aquí en el Más Allá, tenemos estudios que abordan la naturaleza de la materia prima de la vida, a nivel metafísico y energético. Estos estudios son impartidos por la profesora Clarisse.

Nos dice que energías como el amor, su representante que es el cariño, la compasión, entre otras, son materias primas esenciales, pues podemos transformar esta materia prima, o energía primordial, en bienes valiosos, simplemente con eso sabemos cómo utilizar las energías, que, de hecho, derivan de la energía principal, que es la del amor.

A medida que movemos algunos paneles frente a nosotros, las lecciones se liberan y las palabras encajan perfectamente, de modo que podemos captar sus significados.

Estas energías se muestran trabajando en varios orbes, planos o planetas. Se utilizan como ejemplos casos de espíritus, personas y situaciones. Y la comprensión de los estudiantes se expande a partir de esto.

A través de la reflexión, comprometidos con el Espíritu, no con el ego, podemos entregarnos a experimentos que nos acerquen a personas y situaciones, facilitando así nuestra comprensión y comprensión de los demás y de cómo las situaciones surgen y se desarrollan. Así, se nos abren oportunidades, en cualquier plano en el que nos encontremos, ya sea físico o no físico. En cierto modo, todas las situaciones a las que estamos sometidos – el de encarnados o desencarnados –, siguen los mismos principios, ya que no somos solo seres físicos, cuando encarnamos; siempre somos seres espirituales, en un viaje energético que toma muchas formas, pero estas formas son siempre fieles a la energía llamada espiritual.

La conciencia de lo que realmente estamos poniendo en práctica nos ayuda a avanzar en el perfecto manejo no de estas energías, sino de quiénes somos, tal como nos formamos a partir de ellas. Y el objetivo principal, como ya se mencionó, es la evolución, guiada por los principios del amor.

Una vez que tomamos la decisión de expandirnos, nada puede detenernos excepto nosotros mismos. Dejar el hábito de culpar o responsabilizar a los demás por nuestros propios tropiezos es esencial para que nuestro viaje personal sea fluido y una base constante para adquirir sabiduría y ascensión espiritual.

Cuando nos responsabilizamos de cada actitud y situación que se genera en nuestra vida, podemos buscar formas de vivir juntos y crecer a partir de ahí. Y entonces se abren ante nosotros realidades únicas que nos permiten construir una vida digna y valiosa. Y cuando experimentamos esta realidad que construimos para nosotros mismos, ayudamos a otros hermanos, que están en el mismo camino evolutivo, a alcanzar niveles superiores, porque solo podemos ayudar a alguien, solo podemos enseñar a alguien, lo que experimentamos por nosotros mismos. Es el ejemplo de la forma en que vivimos nuestros dictados lo que es una lección para los demás, no solo las palabras. Las palabras son solo el esqueleto de un edificio que puede ser fuerte, o no, si las transformamos en actitudes.

Cuando producimos, con la materia prima de la vida, tranquilidad, equilibrio, sabiduría, pase lo que pase atraeremos momentos provistos de estas cualidades. Y, sin importar dónde estemos, ya sea en la Tierra o en el plano espiritual, tendremos consuelo, comprensión, sabiduría, amor y felicidad. No somos más o menos felices porque estemos en la Tierra o en el Más Allá, sino porque vivimos nuestro presente plena, enteramente involucrados, comprometidos con nosotros mismos. La felicidad la llevamos con nosotros. La felicidad somos nosotros. Y no se trata de felicidad basada en lo que sucede externamente, porque la semilla de la felicidad está en nuestra postura personal. Solo hace falta saber desarrollarlo, poco a poco, con paciencia, con la mente abierta a los retos que actúan como pruebas. Estas pruebas no pretenden demostrar nuestras habilidades a los demás, sino mostrarnos a nosotros mismos cuánto hemos crecido, cuán maduros somos. Y así, tenemos la capacidad de obtener más beneficios que están disponibles para quienes han tenido el coraje de elevarse a sí mismos Más Allá de lo que eran.

En el plano físico, este comportamiento de equilibrio comienza con el control deliberado de nuestra mente. Momentos a solas con nosotros mismos, momentos de meditación sin alimentarnos de sentimientos negativos, momentos en los que oramos o reflexionamos sobre la perfección del espíritu, pueden ayudarnos a dar los pasos iniciales.

El éxito de nuestras prácticas no depende del mérito por ser buenas personas, ya que el mérito es el resultado del trabajo que realizamos sobre nosotros mismos, de nuestra propia autocorrección y superación personal. Solo siendo personas adaptadas podremos colaborar con la adaptación de los demás. Nadie da lo que no tiene. Por mucho que pretendas que estás dando algo que tienes, si la persona no lo tiene no podrás darle nada.

Como todos somos iguales, solo necesitamos querer algo y trabajar –basándonos en nuestro equilibrio interior– para obtenerlo.

Estas son las reflexiones de la clase con la profesora Clarisse. Cada maestro trae algo especial que enseñar y podría decir que no es la materia que enseñan en sí lo más relevante, sino la forma en que transmiten las enseñanzas, ya que estos maestros tienen el carisma y el amor por lo que enseñan. Cuando uno de ellos encarna, lo hace en un trabajo desinteresado, muchas veces para acompañar a un grupo selecto de espíritus que, igualmente encarnados, serán responsables del equilibrio de una era terrenal o como composición de otro grupo que brindará apoyo a través del énfasis en conceptos que, incluso usando diferentes palabras, transmitirán el mismo mensaje, o una parte esencialmente importante, sin los cuales otras enseñanzas no serían entendidas ni aceptadas.

Nada de lo que sucede es por casualidad. Siempre es bueno repetir, porque la Divina Providencia tiene un plan armonioso y perfecto.

Madurez, cambios y responsabilidades

Después de la clase de hoy me senté a disfrutar del ambiente de la zona en la que estoy y que no me canso de admirar.

Cada tipo de flor me llama la atención y me llena de admiración y respeto por la perfección de los detalles, por el giro de los pétalos de algunas flores a medida que cambian los colores en el cielo.

El sonido de los pájaros que solo se ven en esta región me encanta enormemente.

La profesora Clarisse, al salir del edificio donde acabábamos de tener una de nuestras clases, se detuvo y empezó a hablarme.

− Hola Miguel, ¿cómo estás?

− Ah, hola, profesora. Estoy bien.

− ¿Disfrutando de la vista?

− Sí, me gusta pasar un tiempo conmigo mismo, admirando estos paisajes que solo encontramos aquí, sigo pensando en algunas personas en la Tierra que quedarían encantadas con estos lugares que tenemos aquí.

− ¿Sigues muy conectado con la gente que dejaste en la Tierra, Miguel?

Me tomó algún tiempo responder esta pregunta. Seguí reflexionando sobre lo excitado que todavía estaba. No sabía muy bien cómo expresar que aunque recordaba a las personas que amo en la Tierra, no me siento tan conectado con ellas. La profesora

Clarisse esperaba pacientemente, con los ojos cerrados, como quien me acompaña en confabulaciones mentales. Y finalmente dije:

- No necesariamente, profesora. Sigo, de vez en cuando, lo que hace mi madre, lo que hace mi hermano, cómo se desarrolla su vida. Pero ahora, cada vez más, esto se vuelve menos frecuente. En lugar de esa conexión carnal, poco a poco viene un gran respeto por ser parte de mi familia universal, como también pienso en los que conocí aquí.

Ella abrió los ojos serenamente y me dijo con una mirada compasiva:

-¿Eso te molesta?

- No, profesora. Esto me intriga, porque no quisiera perder los lazos con mi familia terrenal, porque aprendí a amarlos tal como son, y no puedo explicar con palabras este tipo de amor, ¿sabe?

- Sí, pero eso es natural, Miguel.

- ¿Qué quiere decir, profesora Clarisse?

- Miguel, somos una gran familia, todos somos hermanos, porque venimos de la misma fuente, fuimos creados por el mismo Arquitecto, nuestro Gran Padre Mayor. Así, todos en la Tierra y en el plano no físico, somos hermanos, conformando una gran familia.

Mis ojos se profundizaron en los de ella revelando un vívido interés.

Ella continuó:

- Miguel, en la Tierra no nos sentimos así porque, obedeciendo a un propósito divino de aprendizaje, nos dividimos físicamente en grupos que responden a intereses relacionados con diferentes necesidades de aprendizaje.

- Pero, profesora, aquí también estamos en un grupo. Y no sentimos esa división. ¿Por qué sucede esto en la Tierra?

- Porque nos centramos más en razones culturales, identificándonos con las banderas nacionales en función de lo que representa cada país. Y lo mismo ocurre con los Estados, con las ciudades y con las divisiones cada vez más pequeñas, como los barrios, las comunidades dentro de los barrios y hasta las células familiares. Aquí, por el contrario, no enfatizamos estas diferencias, ya que nos organizamos en torno a un bien común, que es el conocimiento mayor. Reconocemos grados jerárquicos, pero no se forman, estos grados, basados en poderes individuales, o grupales, como en la Tierra, sino en torno a valores como los que estudiamos, valores que son reconocidos por las calificaciones de la gran energía. .

– Pero en la Tierra también podríamos ser así, ¿verdad profesora?

– La Tierra y los demás orbes están evolucionando, Miguel, y todos llegarán allí.

Debí haber mostrado una expresión de malestar o tristeza, porque ella me preguntó:

– ¿Eso te molesta, Miguel?

Di un suspiro.

– No, profesora. Creo que este proceso podría ser más rápido.

– Miguel, este proceso es bastante rápido, el que fortalece cualquier aprendizaje para que, una vez aprendido, no se pueda olvidar nunca.

– Entiendo.

– Y en relación al distanciamiento que identificas, este proceso que es natural y que nos sucede a todos, incluyéndote a ti y a tu familia terrenal, poco a poco, a medida que avances en comprensión y madurez, cada vez más recurrirás a otros intereses, aprendiendo a confiar en que todos están bien. Por lo tanto, ya no habrá necesidad de preocuparse por ellos, ya que tu confianza en Dios aumentará al sentir que nuestro Padre mayor está cuidando de ellos también.

Justo ahora, cuando dijiste que este proceso de evolución terrestre debería ser más rápido, aunque no te hayas dado cuenta, también te está sucediendo a ti. Este proceso de desprendimiento de la familia carnal es lento porque implica otros aprendizajes y el desarrollo de la confianza, de la fe, que se da poco a poco a medida que se madura.

- Sí, profesora, todavía no me había dado cuenta. Realmente es verdad. Al dedicarme a otros aprendizajes, siento que esta desconexión de mi familia carnal se hace presente. Y todavía lucho con el dolor de distanciarme de ellos.

- No luches contra ello, Miguel. Aunque la lucha también forma parte de la forma en que nos desarrollamos, cuanto más luchas, más doloroso se vuelve el proceso.

- No quiero eso, profesora. No quiero ningún dolor como amigo.

Ella rio.

- Eso lo sé... Y, es más, Miguel, todavía te has tomado un tiempo para enviarle mensajes a tu madre terrenal para que escriba un libro que inste a las madres y familiares en general a no sufrir por la muerte de sus seres queridos, ¿no es verdad?

- Sí, profesora, es un trabajo que me ha traído mucho placer, ya que siento que es importante, que las personas tienden a obstaculizar tanto su propia evolución como la del espíritu que llegó al plano no físico cuando aumentan el dolor por la partida de un ser querido.

- Esta también es una manera que tú contribuyas a la agilidad de la evolución en el plano físico, Miguel, ¿no pensaste en eso?

- Sí, profesora, no había pensado así.

- Todos jugamos un papel en el gran plan cósmico de vida, Miguel. Incluso si no lo hacemos intencionalmente, desempeñamos un papel importante en esta gran red que es la vida en su conjunto, tanto para los encarnados como para los desencarnados.

- Pero hay gente que no hace mucho, profesora.

Ella guardó silencio por un momento, como buscando las mejores palabras, y dijo:

- No es cierto, Miguel, porque todos nosotros, aunque - aparentemente -, no estamos haciendo algo, lo estamos haciendo.

- ¿Qué quiere decir, profesora?

Ella permaneció en silencio por un momento más, como disfrutando del canto de los pájaros que, en ese momento, parecían cantar aun más fuerte, y dijo:

- Miguel, todos estamos trabajando en lo que se llama fortalecer la intención, o el pensamiento. El conocimiento que todos vamos adquiriendo sobre los matices del espíritu se refiere a la identificación de la importancia de nuestra intención, o de nuestros pensamientos. A medida que ampliamos este conocimiento, nos volvemos más conscientes de nuestro papel en la Creación Divina. De esta manera, también ganaremos más dominio en nuestra forma de pensar y actuar. Y, de esta forma, empezamos a tomar conciencia de lo que estamos haciendo, porque todos estamos haciendo algo. Incluso cuando pensamos que no estamos haciendo algo, estamos haciendo. Y el trabajo realizado por aquellos que ya tienen mayor dominio en lo que están haciendo - deliberadamente -, ayuda a aquellos que aun están mejorando en el control y uso de esta fuente de energía, que puede ser representada por el uso del pensamiento.

- Vaya, profesora, ¿cómo es que todos hacen algo si vemos personas tan pasivas en la vida?

- Miguel, hay que recordar que, aunque no sea a través de actos físicos, todo ser está haciendo algo, pues toda acción comienza en el pensamiento, no en el acto físico en sí.

- Maestra, todavía no puedo entender muy bien todo esto, aunque entiendo que toda acción es parte del pensamiento.

- ¿Qué no puedes entender, Miguel? ¿Qué podría decirte que facilitaría esta comprensión de manera más completa?

- Entiendo que todo acto comienza en el pensamiento, pero también sé que muchos actos no se realizan por las necesidades económicas que tienen los espíritus cuando están en el plano físico. Por lo tanto, no importa cuánto piensen en hacer algo, no pueden lograr exactamente lo que piensan debido a la necesidad financiera.

- Incluso eso, Miguel, se genera desde el pensamiento.

- ¿La falta financiera?

- Sí.

Me quedé pensativo por unos momentos. Ella continuó:

- Te voy a contar una historia que les pasa a muchas almas, Miguel. Tomemos el caso de Rodrigo. Era feliz con sus padres, viviendo en la Tierra, a pesar de todas las dificultades económicas que atravesaban. Incluso pasaban hambre. Un día Rodrigo desencarnó debido a una enfermedad muy grave para su cuerpo físico. Sin embargo, esta enfermedad - como muchos piensan sobre las enfermedades -, no se basaba en lo físico, sino en el espíritu. Las enfermedades, en realidad, no existen. Lo que existe son las obras en las que se involucra el alma, produciendo lo que se llama enfermedad en el plano físico, expresándose como enfermedad.

- Pero, profesora, si se me permite interrumpir, ¿cómo puede un alma producir enfermedad?

- La enfermedad, Miguel, no existe. Cada alma está desarrollando un proceso de aprendizaje, y lo que se llama enfermedad es solo una expresión del proceso en el que está involucrada el alma.

- Pero ¿por qué la gente cuando va al médico se cura?

- El mismo proceso de ir al médico, Miguel, muchas veces sana el espíritu, pues va interactuando desde distintos niveles que le ayudan a desarrollar el trabajo del alma y, a medida que va madurando, esta alma ya no expresa lo que se llama enfermedad.

Por ejemplo - continuó -, si alguien está en un proceso interno de evolución, y todos lo estamos, y ese proceso hace que el alma se detenga en ecuaciones espirituales que se presentan en el físico como neurosis, sentimientos negativos, miedos, apreciación de aspectos relacionados con impedimentos económicos o de orgullo, entre otros, durante tanto tiempo que el alma permanece alimentando la resolución de esos llamados conflictos, retrasando muchas veces la llegada a un entendimiento único que la haga liberarse y seguir fluyendo, de modo que el conflicto la hace expresar en el cuerpo físico lo que se llama enfermedad. Cuando se busca un médico, por ejemplo, el alma está trabajando en la confianza, o en el poder de decisión, o en el conocimiento de alguna persona encontrada en este proceso de búsqueda de una cura, que lo hará – mediante el diálogo o el procesamiento mental sobre algún tema relativo –, conceptos hacia la evolución y la comprensión, normalmente implicados en la humildad, la ampliación de la propia capacidad de seguir adelante, entre otros: curarse a uno mismo.

– Entonces, profesora, ¿no son las medicinas las que curan?

– No necesariamente, Miguel. Algunas medicinas son verdaderos paliativos, pero siempre para el cuerpo, ayudando al espíritu a atravesar esa fase de evolución de una manera más cualitativa. Y este tema, Miguel, es demasiado extenso para que pretenda contarte todo en una conversación informal como la que estamos teniendo, porque cada caso es diferente, no todos son iguales, no todo lo que llaman enfermedades tiene que ver exactamente con esta explicación, pero se basan en otras razones. Esto se abordará mejor cuando esté en clases que se basen en la enseñanza de esta materia.

En el caso de Rodrigo – el espíritu de quien te cuento la historia para ejemplificar el tema de la supuesta imposibilidad financiera relacionada con la fuente, con el origen de los pensamientos como motor de las realidades que creamos –, desencarnó luego de lograr resolver, siempre en términos espirituales, algunas cuestiones que tenían que ver con su propia historia reencarnativa.

Los padres de Rodrigo – continúa la profesora Clarisse –, vivieron esta separación temporal, promovida por la muerte de su hijo, como les ocurre a las personas más evolucionadas. El llanto ganó su lugar, pero no por egoísmo. El sufrimiento que proviene del ego – porque el alma no sufre, ya que acepta perfectamente todos los dictados del Creador –, fue enfriado por la firme certeza que hicieron lo que pudieron por su amado hijo y que Dios está a cargo de todo lo que tiene que hacer y tiene que ver con vidas humanas.

Como visitantes habituales de un Centro Espírita, recibieron noticias sobre su hijo, a quien le permitieron comunicarse con sus padres apenas llegó al plano no físico, pues era un alma dócil y enfocada en la misión personal de evolución.

A través del mensaje, Rodrigo pudo informar a su familia que la muerte, como normalmente se piensa en la Tierra, en realidad no existe, consistiendo únicamente en el desplazamiento de la conciencia del cuerpo físico hacia la integralización de la esencia, que es lo que realmente lo somos.

Junto con este mensaje, Rodrigo pudo decirles a sus padres que las muchas dificultades económicas que atravesaron juntos fueron resultado de creaciones mentales caracterizadas por el apego al sufrimiento y el perfeccionismo de algunos que se empeñan en crear situaciones difíciles en la Tierra para promover el crecimiento, la evolución necesaria al espíritu."

- Profesora Clarisse, lamento interrumpirla, pero si el espíritu quisiera expandirse sin pasar dificultades financieras en la Tierra, ¿sería posible?

- Por supuesto que sí, Miguel.

- Pero ¿cómo evolucionaría entonces? ¿Cómo tendría acceso a situaciones que promuevan el aprendizaje personal si no se enfrentara a desafíos que lo llevarían a recoger sus aprendizajes?

- Miguel, los espíritus eligen estas situaciones vejatorias en la Tierra solo porque eligen las condiciones más comunes. En realidad, la riqueza o la pobreza no existen, excepto en la Tierra, donde la gente juzga la riqueza o la pobreza surge de la falta de bienes materiales que comienzan a desear simplemente porque viven en grupos sociales que valoran lo que no tienen. Desde el momento en que el espíritu toma conciencia que, por su propio pensamiento, es un ser rico, pues tiene todo lo que es – verdaderamente –, necesario para cumplir con su aprendizaje, se le añaden incluso las riquezas materiales. Y el uso adecuado de todas las riquezas necesarias – como la salud, la sabiduría, la alegría, las condiciones que garantizan la integridad física –, hace que el espíritu multiplique sus posibilidades de acumular bienes en la

Tierra, que no son más que la expresión, la representación del valor que el espíritu da a todo lo que realmente necesita y ya tiene.

La explicación de Rodrigo, de hecho, tiene bastante relación con lo que estamos hablando, pues junto a esta información que pudo transmitir a sus padres terrenales, también dijo que en vidas pasadas, encarnados como familia, no sabían cómo valorar las riquezas materiales que poseían, gastando en exceso, sin importarles contribuir al crecimiento de otros afines, aunque esto estuviera dentro del ámbito de su propia evolución personal. Entonces se perdieron. Poseídos de orgullo, se volvieron avaros, sometiendo a subordinados a quienes debían ayudar con la herramienta que poseían, que era la excelente situación financiera que lograron crearse. En varias vidas posteriores encarnaron como personas ricas, pero siempre cayeron por motivos relacionados con comportamientos avaros y mezquinos. Así, finalmente, eligieron, todavía en el plan de vida no físico, una condición de extrema pobreza material, para poder valorar de manera sensata la importancia de la riqueza y las formas en que se puede crear.

A través de este mensaje, y otros de contenido similar, los padres de Rodrigo comprendieron que la producción de riqueza material dependía únicamente de ellos. Y, poco a poco, empezaron a cambiar de vida, consolidándose como comerciantes y colaboradores de la comunidad donde vivían.

– Pero, profesora Clarisse, si el espíritu elige una vida pobre en la Tierra, ¿puede cambiar de opinión sobre esa elección cuando esté en la Tierra?

– En realidad, Miguel, ningún espíritu elige la pobreza material como nosotros, encarnados, juzgamos. Lo que el espíritu elige es experimentar su aprendizaje en compañía de otros espíritus decididos,

Las condiciones de pobreza o riqueza material están disponibles para el individuo en función de la forma en que se comporta en el mundo, en función de la forma en que se relaciona con los conceptos de riqueza material o pobreza. Muchas veces los espíritus al encarnar crean verdaderas paradojas donde anhelan riquezas materiales, pero como no saben desentrañar los conceptos culturales o religiosos que eligieron, odian a quienes tienen recursos materiales, creyendo que las posesiones materiales, basándose en el ejemplo de personas que no administran bien sus riquezas materiales no obtendrán la salvación espiritual. Por lo tanto, pasan sus vidas deseando riqueza material y desperdiciando oportunidades de volverse materialmente ricos.

– Profesora, ¿significa esto que, si no he entendido mal, nuestra misión de evolución personal está más relacionada con las experiencias que tenemos con otros espíritus que con la formación de un destino en el que estamos atrapados en la pobreza?

– Exacto, Miguel. Si nos volvemos más hacia nosotros mismos, sin centrarnos en lo que otras personas hacen, piensan o dicen, creamos para nosotros mismos toda la riqueza que podamos imaginar, tal como está disponible en todo el Reino de Dios, ya sea física o no física.

– Pero profesora, si tenemos que utilizar nuestra riqueza material para ayudar a nuestros hermanos, eso significa que también debemos centrarnos en sus necesidades, ¿no?

– No, Miguel. Y sé que, al menos inicialmente, este tema es bastante complejo de entender. La riqueza material que producimos ayuda a nuestros hermanos fomentando empleos y salarios dignos, o cuando compartimos un poco de lo que tenemos a través de donaciones a grupos fuertemente comprometidos con el trabajo social, por ejemplo. Cómo contribuimos – conscientemente –, con la evolución del mundo, como encarnados, es amplio. Solo necesitamos estar comprometidos con nuestro espíritu.

Ella guardó silencio. Yo también, absorto en consideraciones.

– Maestra, ¿qué sentido tiene todo esto?

– La de comprender, Miguel, que la felicidad no está necesariamente en los bienes, en las supuestas posesiones, sino en el poder de realización, ya sean bienes materiales o bienes más verdaderos y sutiles, éstas son nuestra verdadera riqueza. Cuando seguimos creyendo que solo somos felices porque somos ricos materialmente, sufrimos al desencarnar, pues veremos que en realidad nunca tuvimos nada; sufrimos ante una posible infelicidad sin entender por qué no somos felices si tenemos todas las posesiones materiales; y sufrimos por no comprender que la vida consiste en mucho más que riquezas materiales, ya que acabamos impidiendo encontrar el sentido de la verdadera felicidad durante mucho tiempo.

– Pero, profesora, si muchos no utilizan su propia mente para crear su riqueza material, actúan así por falta de conocimiento. ¿Cómo sería posible enseñarles?

– Al decirles que deben aprender a controlar sus pensamientos, Miguel, ya le estamos dando un buen comienzo a cualquier individuo. Y en el plano terrestre ya hay varios espíritus haciendo este trabajo, personas que producen películas, escriben libros, realizan programas, reuniones, eventos en los que tratan estos temas, Miguel.

– Pero a esta gente no siempre se la toma en serio, profesora.

– Miguel, realmente no importa lo que los demás piensen de ti si tu compromiso es con tu espíritu. Nuestra felicidad se centra en el poder del logro. Eso es suficiente. La realización nos certifica que somos como Dios, nuestro Padre, que creando todo, no posee nada, porque Él en Sí mismo es quien crea todas las cosas.

– ¿Quiere decir que es posible que algún día tomemos conciencia que somos lo que creamos?

– Tenemos que hacerlo, Miguel.

El silencio volvió a reinar, serenamente; hasta que ella dijo:

– Bueno, Miguel, piensa en todo esto, asimilando los conceptos que contiene.

– Maestra, ¿puedo compartir esto con otras personas en la Tierra a través del libro que estamos escribiendo mi madre y yo?

- Sí, Miguel, pero asegúrate de entender bien este concepto. Esta es una manera de compartir la riqueza del conocimiento, la riqueza mental a partir de la cual otros pueden construir su riqueza también, porque toda riqueza está disponible para los hijos de Dios, solo necesitan expresarla a través del comportamiento más adecuado. Ahora te dejo en paz, Miguel. Muchas gracias por esta oportunidad.

- Maestra, soy yo quien tiene que agradecerle.

Mientras ella se alejaba, me acordé de preguntar:

- Maestra, ¿Rodrigo sigue aquí o ya reencarnó?

A lo que ella respondió:

- Acabas de hablar con él, Miguel.

Luego se alejó, como sonriendo, con la ligereza de quien acaba de completar otro logro espiritual importante y me dejó inmerso en un sentimiento de sorpresa y gratitud.

Proceso de crecimiento

Pasé muchos días pensando en mi última conversación con la profesora Clarisse. En cierto modo, me siento más fuerte, mejor preparado para los nuevos caminos que se abren frente a mí. Me doy cuenta que cuanto más aprendo, mayores se vuelven mis responsabilidades hacia mí mismo. Responsabilidad de ejercer confianza en el plan divino y avanzar, sabiendo que quienes aun se encuentran en el plano terrenal están experimentando su propia evolución y aprendiendo sus preciosas lecciones. Responsabilidad de renunciar a viejas formas de amar, ampliando la noción de amor más allá de lo que conozco y lanzándome a nuevas actividades, actividades que requieren más de mi dedicación al gran servicio de ayudar a los demás y al aprendizaje personal.

Inconscientemente muchos piensan "pobre que murió", como si ese no fuera el camino de todos, como si no tuviéramos la fe que decimos tener en Dios, nuestro Gran Arquitecto.

Muchos dicen "no fuimos creados para afrontar la muerte física." Sin embargo, esto es lo que hacemos todos los días, porque la muerte simplemente significa "partida", "cambio", "evolución." Por lo tanto, la muerte física es tan natural como el nacimiento, ya sea físico o no físico, ya que cuando iniciamos el viaje al plano físico también – en cierto modo –, morimos al plano espiritual. Entonces, en realidad, no existe la muerte, sino la expansión personal.

La arrogancia del ser humano no permite que un niño emprenda antes que él el viaje a casa. Dicen que es natural que un padre vaya antes que un hijo. Y lo que llamas natural es justamente lo que le sucede a la mayoría. Solo eso, nada más.

Lo que le sucede a la mayoría no es natural, ya que la Tierra es el gran nicho que nos da la bienvenida en nuestro viaje de aprendizaje. Cuando terminamos de aprender, listos o no, volvemos a casa.

Cuando mi madre llegó a casa, después del funeral de mi cuerpo físico, se acostó en el sofá y pude transmitirle: "Madre, deshazte de la soberbia humana, no sirve para nada, solo nos hace daño, extendiendo al frente de nosotros el velo de la ilusión que, en lugar de amar y aceptar los dictados de Dios, somos dios y nuestras reglas deben ser aceptadas. No sabemos nada, todavía estamos aprendiendo. No podemos elegir el día del regreso de alguien, ya que cada persona tiene su propia experiencia de vida. No compitamos con Dios, madre; Dios es el más sabio de los seres y nos da pruebas de ello todos los días."

Y sentí que mi madre recibió este mensaje, rechazó los tranquilizantes que intentaban ofrecerle para aliviar un sufrimiento que, por tradición, sabían que podía tener. Pero ella fue fuerte, actuó serenamente, sin condenar al hermano humano a través del cual ocurrió mi desencarnación, negándose a contaminarse con la basura de la culpa, entregándose a limpiar su mente, evitando los sentimientos negativos que se habrían apoderado de ella, su corazón solo promoviendo la infelicidad. Mi madre era consciente que no tenía la aprobación para ser juez de alguien, esa no era su tarea. Y por eso pude partir tranquilamente, acercarme a ella con mi mensaje, realizar mis servicios y decidir, en ese momento, que había llegado otro momento de partida.

Sé que habrá recuerdos que recuperar, sé que estaré en nuevos viajes, sé que encontraré y reencontraré con otras personas a quienes amé y que aun no han sido necesarias en este paso por esta Colonia.

Sé que mi madre seguirá adelante, sabiendo que sigo vivo, no en un cuerpo carnal, viviendo la realidad temporal, sino en un cuerpo espiritual, que es la realidad permanente.

Lo que para muchos significa sufrimiento, para ella ya no es sufrimiento, ya que cualquier acontecimiento es para nosotros una lección cuando nos mostramos dispuestos a aceptar todas las situaciones para la maduración espiritual.

En el plano no físico todos somos chispas divinas. Y aunque muchos están aprendiendo a reconocerse de esa manera, no lo existen las condiciones de paternidad y maternidad, o conyugal, o biológica fraternal. Todos somos personajes, cuando estamos en la Tierra, interactuando entre nosotros para representar nuestros dramas personales, con el objetivo de ampliar nuestra perspectiva, nuestra visión y nuestra capacidad para interpretar historias más veraces. Tenemos todo el tiempo que necesitamos, todo el tiempo que podemos pensar, porque la perfección de la vida no nos apresura, solo nos exhorta y nos empuja suavemente con su pico, como un pájaro que anima a sus crías a volar, usando su pico, amorosa e imperativa – por el vuelo al que estamos destinados. Lo que nos parece dolor solo lo es porque aun somos pequeños y creemos que lo que nos priva de lo que queremos en ese momento es algo malo. Por eso se dice que el sufrimiento es una ilusión, porque el sufrimiento se basa en pensamientos egoístas de nuestra parte cuando todavía estamos en la etapa evolutiva en la que tomamos al ego como nuestro espíritu.

El dolor se puede comparar con las inyecciones, y sé que este ejemplo es bastante infantil, pero me estoy esforzando por utilizar palabras sencillas que puedan ser bien entendidas por quienes lean estos mensajes. Cuando nos ponemos una inyección es porque tenemos la intención de curarnos o prevenir un daño mayor.

Por eso, decidí escribir esta segunda parte de este libro para que, con mi experiencia, se pueda salvar una gran cantidad de cajas de inyecciones, porque, si no confundimos nuestro espíritu con nuestro ego, todo lo que debemos aprender será aprendido y nuestra expansión tendrá la fluidez que tienen todos los elementos de la creación divina.

Vivir en equilibrio no es difícil, y tanto las personas encarnadas como las desencarnadas pueden hacerlo. Está a nuestro alcance, siempre y cuando dejemos actuar al espíritu.

Mi madre, si bien es un ser especial, como todos somos especiales en la creación divina, no es un ser extraordinario por aceptar abiertamente mi salida del plano físico, en una reacción diferente a la mayoría de las personas, en un comportamiento incoherente, como muchos pueden pensar. Ella solo aceptó la voluntad de Dios sabiendo que hay frutos preciosos para ella y para mí en este evento, sabiendo que todo en la vida está llena de perfección, aunque no entendamos la perfección desde un nivel menos perfecto en el que nos encontramos, que está ligado a la etapa evolutiva de cada persona. Y los frutos preciosos no son solo para mí y para ella, sino para toda la familia y también para otros que, si no fuera por esto, no se beneficiarían del mensaje que envío a través de ella, el mensaje que la muerte en sí, no existe y que el sufrimiento es inútil y perjudicial para muchos y para la evolución individual.

La experiencia del amor incondicional implica permanecer conectados con el Todopoderoso, solo así podremos mantener el equilibrio que solo el amor hace posible. Y donde hay amor, no hay manera que haya desesperación, insatisfacción, ira, revueltas y sentimientos similares. Y así como la fe sin obras muere, así también muere la palabra que sale de nuestra boca, en declaraciones de amor eterno al Gran Arquitecto, cuando no se experimenta en su totalidad y de manera honorable. Ésta es la única manera de conocer verdaderamente la gloria de Dios, experimentando verdaderamente paz, consuelo y gozo.

Desde que llegué a esta Colonia he sentido que estoy dando grandes pasos en mi maduración, dándome cuenta que lo mismo pasa con quienes amo, tanto con los del plano físico como con los del plano no físico de vida. La creencia en el plan de vida, independientemente de dónde se desarrolle la vida, se presenta de manera práctica como fe en Dios. E independientemente de las religiones que tengamos en la Tierra, que nos ayudan a comprender que la vida es eterna y dinámica, nuestro propio espíritu es testigo de los beneficios que obtenemos en cada momento.

Saber apreciar la vida tal como es y buscar resaltar las riquezas que contiene, nos hace sentir llenos de la Gracia de Dios. Y la armonía que se puede experimentar aquí también se puede experimentar en el plano físico, si simplemente nos entregamos a la luz de nuestro espíritu. Rafael, un amigo aquí en el Más Allá, siempre me habla de los encantos de la vida y de la gradualidad en que se dan, dándonos la oportunidad de no contar el tiempo perdido, diciendo que todo el tiempo siempre se gana.

A menudo, recordando mi última encarnación, puedo probar, usando mi percepción, que el nacimiento físico ocurre poco a poco la vida pasa a diario y la muerte también llega poco a poco. No hay nada repentino en la creación. Recuerdo que antes de abandonar el plano físico por el no físico, disfruté mis últimos días encarnado con celo y alegría. Dormí mucho en esos últimos días, pasé al plano no físico correspondiente a mi etapa evolutiva en ese momento, con el fin de recibir energización y consejos para mi transición. Caminé por la finca donde vivía mi mamá, jugué pelota en la cancha del condominio y en el club vecino, algo que hacía mucho tiempo que no hacía; incluso almorcé afuera, viendo a mi hermano Guillermo montar a caballo y pasear a los perros.

La tarde antes de mi transición real, me corté el pelo y me afeité, y llegué a casa lleno de entusiasmo, jugando con la gente. Era mi preparación para volver a mi verdadera patria, a la casa del Padre. Recuerdo que cuando una amiga mía, Sheila, me pegó en un partido de pelota en el barrio, le dije: "¡Ay, Sheila, me vas a matar!" Y ella, en tono de broma, me dijo: "Vaya, Miguel, ¿vas a morir de un dolor en la tibia?" A lo que respondí: "Morir no es nada, es difícil ser incinerado y tener mi cenizas arrojadas en Hawái."

Espiritualmente ya sabemos todo lo que está por sucedernos. Y aunque la gente pueda dudar de esto, pensando que solo hablamos así después de lo sucedido, no es exactamente de lo que pasó de lo que hablamos, sino de toda la realidad emocional que está detrás de lo que representan los acontecimientos físicos. Por tanto, el hecho que podamos actuar de otra manera no tiene nada que ver con prevenir la tragedia de la muerte, como piensan quienes están centrados en el plano físico. La muerte no es una tragedia. La tragedia es lo que hacemos con lo que nos sucede cuando nos prestamos a un sufrimiento innecesario que impide nuestra comprensión del plan mayor que el Creador establece para nosotros.

La noche del velorio, en el momento de mi última transición, mi tía Cynthia fue a buscar un cura para que dijeran una misa en memoria de mi partida. Y aunque a mi madre no le gustó la idea, porque pensó que el sacerdote realizaría su servicio en torno al mensaje que solo despertaría al final de los tiempos, ella misma se sorprendió al escuchar el discurso del sacerdote:

– Hoy solo vine aquí porque Miguel está vivo, porque si estuviera muerto ni siquiera vendría aquí. Todos estamos listos para regresar a la casa del Padre, aunque no sabemos el día del regreso; debemos vivir como si hoy fuera el último día de nuestras vidas; si estuviera casado, le diría a mi esposa: mujer, vamos a dormir abrazados, porque esta es nuestra última noche. "Tenemos que orar por la familia de Miguel y no por Miguel, que está con Dios. Comparemos la vida con el capullo y la mariposa; cuando estamos vivos, estamos en el capullo; y cuando morimos, volvemos a ser mariposas." Mis amigos colocaron el par de aletas en el ataúd que lo albergaba va mi cuerpo y rindió homenaje a nuestra amistad.

Ese día, nada más llegar a casa, mi madre puso el sofá en el jardín y se tumbó allí a descansar. Una mariposa se posó en la región de su corazón y sintió mi mensaje que le decía "Mami, te amo, pero necesito irme", y se rio al recordar el discurso del sacerdote.

Y después de la misa del séptimo día por mi muerte, mi madre decidió celebrar mi vida con una reunión llena de sabrosos bocadillos y vino en un restaurante, rodeada de alegría en lugar de tristeza, porque entendió que, si estamos con Dios después nuestra partida, no es coherente que brindemos por este acontecimiento con el sufrimiento del duelo que se exagera por la partida de quienes amamos. Y, en lugar de una oración de tristeza, mi madre me propuso enviarme energía de luz y paz. Y, de ahí en adelante, la conversación giró en torno a las cosas divertidas que hacía cuando estaba en la Tierra, mientras la gente se reía de las bromas y algunas cosas que decía.

Al final se despidieron de la reunión felicitando a mi madre, en lugar de "condolencias", y todos estaban felices de haber tenido la oportunidad de tener un amigo como yo y de ser amados por mí.

Y cuando pasó un año después de mi transición al Más Allá, le envié un mensaje a mi madre pidiéndole que orara conmigo ese día. Y luego mi madre reunió a sus amigas en la cancha de fútbol del condominio y encendió una fogata, decorando el quiosco con velas. Unas sesenta personas se tomaron de la mano y oraron, enviándome energía de alegría y celebrando con música hasta el final del encuentro. Durante este encuentro, mi madre comentó a su familia: "Mi hijo ha regresado a su casa, ¿quién soy yo para detenerlo o rebelarme contra esto?"

Oh, ciertamente tengo una familia terrenal bendecida y estoy muy agradecido de haber tenido esta experiencia de vida y no una experiencia de muerte. Y no hay mayor alegría para nadie que sentirse orgulloso de su familia, colaborar con los miembros de esa familia para que vivan lo mejor, porque todos tenemos lo mejor, y basta con que experimentemos lo mejor en lugar de lo nuestro, lo peor, que es solo el lado negativo de lo mejor, ya que estamos compuestos solo de lo mejor, por ser criaturas Divinas. Nada malo viene de Dios.

Mi madre decidió vivir su dolor en compañía de alegría, no de tristeza. Por eso se hizo digna de ser portadora del mensaje espiritual a favor de la vida y no a favor de la muerte. Y cuando pensé en poder escribir el primer libro hablando de mis incursiones en el Más Allá, mi madre envió el manuscrito a Quito, queriendo que él escribiera el texto de presentación. En sueños hablé con Quito, mostrándole el libro, con la misma portada que ahora tiene el lector en sus manos, y diciéndole que estaba feliz que mi madre hubiera seguido adelante con el proyecto. Estos son algunos de los signos con los que nosotros, los espíritus, podemos trabajar según el mérito que adquieren los encarnados y desencarnados a lo largo de sus proyectos. Todo nuestro trabajo debe basarse en la evolución espiritual. Si no es así, obstaculizaremos la gran oportunidad que nos brinda el Creador de expandirnos bajo su luz.

Cada repaso de mis últimos días en la Tierra son señales que me despido de la identidad que aun tengo con esta última encarnación, para comenzar a vivir cada vez más enfocado en seguir construyendo mi identidad espiritual.

De ahora en adelante sé que me surgirán otras aventuras, sé que conoceré personas y encontraré situaciones que me harán progresar en mi adquisición de sabiduría y madurez. Pasaré por nuevas Colonias, más completas que la que estoy actualmente, así como ésta es más completa que la anterior, y siempre será así, porque según nuestra madurez espiritual juzgamos la perfección del lugar. donde estamos. Y así se abrirán mis próximos caminos, que pueden incluir incluso una nueva encarnación en la Tierra o en algún otro plano que el Creador nos tiene reservado.

Hasta entonces, mi último mensaje es: independientemente de creencias, independientemente de religiones, independientemente de la guía de otras personas, sigue tu camino apoyado en tu libre albedrío, sin preocuparte por el camino de otras personas, sigue tus buenos sentimientos. Son nuestros indicadores que estamos en el camino iluminado, que nunca debemos abandonar.

El... "comienzo", porque no hay fin...
la vida es un comienzo eterno.
Un día entenderás esto, si aun no lo has hecho.

Miguel
2014

Grandes Éxitos de Zibia Gasparetto

Con más de 20 millones de títulos vendidos, la autora ha contribuido para el fortalecimiento de la literatura espiritualista en el mercado editorial y para la popularización de la espiritualidad. Conozca más éxitos de la escritora.

Romances Dictados por el Espíritu Lucius

La Fuerza de la Vida

La Verdad de cada uno

La vida sabe lo que hace

Ella confió en la vida

Entre el Amor y la Guerra

Esmeralda

Espinas del Tiempo

Lazos Eternos

Nada es por Casualidad

Nadie es de Nadie

El Abogado de Dios

El Mañana a Dios pertenece

El Amor Venció

Encuentro Inesperado

Al borde del destino

El Astuto

El Morro de las Ilusiones

¿Dónde está Teresa?

Por las puertas del Corazón

Cuando la Vida escoge

Cuando llega la Hora

Cuando es necesario volver

Abriéndose para la Vida

Sin miedo de vivir
Solo el amor lo consigue
Todos Somos Inocentes
Todo tiene su precio
Todo valió la pena
Un amor de verdad
Venciendo el pasado

Otros éxitos de Andrés Luiz Ruiz y Lucius

Trilogía El Amor Jamás te Olvida
La Fuerza de la Bondad
Bajo las Manos de la Misericordia
Despidiéndose de la Tierra
Al Final de la Última Hora
Esculpiendo su Destino
Hay Flores sobre las Piedras
Los Peñascos son de Arena

Otros éxitos de Gilvanize Balbino Pereira

Linternas del Tiempo

Los Ángeles de Jade

El Horizonte de las Alondras

Cetros Partidos

Lágrimas del Sol

Salmos de Redención

El Hombre que había vivido demasiado

Libros de Eliana Machado Coelho y Schellida

Corazones sin Destino

El Brillo de la Verdad

El Derecho de Ser Feliz

El Retorno

En el Silencio de las Pasiones

Fuerza para Recomenzar

La Certeza de la Victoria

La Conquista de la Paz

Lecciones que la Vida Ofrece

Más Fuerte que Nunca

Sin Reglas para Amar

Un Diario en el Tiempo

Un Motivo para Vivir

¡Eliana Machado Coelho y Schellida, Romances que cautivan, enseñan, conmueven y pueden cambiar tu vida!

Romances de Arandi Gomes Texeira y el Conde J.W. Rochester

El Condado de Lancaster

El Poder del Amor

El Proceso

La Pulsera de Cleopatra

La Reencarnación de una Reina

Ustedes son dioses

Libros de Marcelo Cezar y Marco Aurelio

El Amor es para los Fuertes

La Última Oportunidad

Nada es como Parece

Para Siempre Conmigo

Solo Dios lo Sabe

Tú haces el Mañana

Un Soplo de Ternura

Libros de Vera Kryzhanovskaia y JW Rochester

La Venganza del Judío

La Monja de los Casamientos

La Hija del Hechicero

La Flor del Pantano

La Ira Divina

La Leyenda del Castillo de Montignoso

La Muerte del Planeta

La Noche de San Bartolomé

La Venganza del Judío

Bienaventurados los pobres de espíritu

Cobra Capela

Dolores

Trilogía del Reino de las Sombras

De los Cielos a la Tierra

Episodios de la Vida de Tiberius

Hechizo Infernal

Herculanum

En la Frontera

Naema, la Bruja

En el Castillo de Escocia (Trilogía 2)

Nueva Era

El Elixir de la larga vida

El Faraón Mernephtah

Los Legisladores

Los Magos

El Terrible Fantasma

El Paraíso sin Adán
Romance de una Reina
Luminarias Checas
Narraciones Ocultas
La Monja de los Casamientos

Libros de Elisa Masselli
Siempre existe una razón
Nada queda sin respuesta
La vida está hecha de decisiones
La Misión de cada uno
Es necesario algo más
El Pasado no importa
El Destino en sus manos
Dios estaba con él
Cuando el pasado no pasa
Apenas comenzando

Libros de Vera Lúcia Marinzeck de Carvalho y Patricia

Violetas en la Ventana

Viviendo en el Mundo de los Espíritus

La Casa del Escritor

El Vuelo de la Gaviota

Vera Lúcia Marinzeck de Carvalho y Antonio Carlos

Amad a los Enemigos

Esclavo Bernardino

la Roca de los Amantes

Rosa, la tercera víctima fatal

Cautivos y Libertos

Deficiente Mental

Aquellos que Aman

Cabocla

El Ateo

El Difícil camino de las drogas

En Misión de Socorro

La Casa del Acantilado

La Gruta de las Orquídeas

La Última Cena

Morí, ¿y ahora?

Las Flores de María

Nuevamente Juntos

Libros de Mônica de Castro y Leonel

A Pesar de Todo

Con el Amor no se Juega

De Frente con la Verdad

De Todo mi Ser

Deseo

El Precio de Ser Diferente

Gemelas

Giselle, La Amante del Inquisidor

Greta

Hasta que la Vida los Separe

Impulsos del Corazón

Jurema de la Selva

La Actriz

La Fuerza del Destino

Recuerdos que el Viento Trae

Secretos del Alma

Sintiendo en la Propia Piel

World Spiritist Institute

www.ingramcontent.com/pod-product-compliance
Lightning Source LLC
LaVergne TN
LVHW041928070526
838199LV00051BA/2741